LESEGLÜCK

Wie lernt mein Kind lesen?

Ein Ratgeber zum leichten Lesenlernen

LESEGLÜCK

Wie lernt mein Kind lesen?

Ein Ratgeber zum leichten Lesenlernen

Nicola Bardola, Stefan Hauck, Mladen Jandrlic,
Alexandra Rak, Christoph Schäfer, Ralf Schweikart

Arena

MIX
Papier aus verantwor-
tungsvollen Quellen
FSC® C110508

1. Auflage 2015
© Arena Verlag GmbH, Würzburg 2015
Alle Rechte vorbehalten
Einbandfoto: Diego Cervo / Shutterstock
Foto- und Bildnachweis: siehe Seite 141
Lektorat: Britta Vorbach, Frankfurt
Bildredaktion: Anna Katharina Kayser
Satz und Layout: Malte Ritter, Berlin
Übersetzung von zwei Sätzen ins Russische (S. 38): Valentina Dann, Berlin
Gesamtherstellung: Westermann Druck Zwickau GmbH
ISBN 978-3-401-70798-3

www.arena-verlag.de

Folge uns!
www.twitter.com/arenaverlag
www.facebook.com/arenaverlagfans

Inhalt

Eintrittskarte zum Erfolg

Warum ist das Lesen unabdingbar für das Leben?

Manche von uns lesen dicke Romane, andere begnügen sich mit SMS, wieder andere ziehen den Wetterbericht oder Liebesbriefe vor. Ganz gleich, ob Sie beim Frühstück in die Tageszeitung schauen oder die Chipstüte studieren: Ihr Leben wäre sehr viel komplizierter und mühsamer, wenn Sie nicht lesen könnten. Es gibt kaum einen Beruf, in dem man heute noch ohne Schriftkenntnisse bestehen kann, und schon für Ihre Kinder sind soziale Kontakte fast unmöglich, wenn sie nicht die Welt der Buchstaben beherrschen – denken Sie nur an WhatsApp, E-Mails und Internet.

Ohne Lesekenntnisse geht nichts. Lesen öffnet uns die Tür in neue Welten – wirkliche und mögliche, erlebte und vorgestellte. Indem wir von fremden Erfahrungen, Erlebnissen oder Ideen lesen, machen wir sie zu unseren eigenen.

Lesen fordert uns stärker als zuhören oder fernsehen: Wer liest, bringt sich aktiver und gestaltender ein. Wie sollen wir aber unsere Kinder zum Lesen motivieren, ohne sie unter Druck zu setzen und so zu riskieren, dass ihnen die Lust am Lesen vergeht? Welche Argumente oder viel besser: attraktiven Anreize und Angebote stehen uns zur Verfügung, wenn es darum geht, Kinder zum Buch zu locken?

Das gelingt am besten, wenn wir nicht nur behaupten, dass lesen

etwas Wunderbares sei – sondern es den Kindern lustvoll vorma-
chen. Wer selber gerne liest, wird auch andere leichter von den
Freuden des Lesens überzeugen können. Deswegen sollten wir
Kinder an unserer Lektüre teilhaben lassen, indem wir ihnen erzählen, was und warum wir lesen, warum uns die eine Geschichte begeistert, die andere ärgert oder schlimmer: langweilt. Und
wenn uns ein Buch nicht gefällt, sollten wir so ehrlich sein, dies
auch zuzugeben – nicht alle Geschichten sind nun mal gleich
gut. Reden Sie über Bücher! Sagen Sie, wie unglaublich, begeis-
ternd, spannend sie sein können.

Auch wenn Sie vielleicht in Ihrem Alltag nur wenig Zeit zum Lesen haben: Sie können sich trotzdem mit Ihrem Kind über Texte
austauschen. Fragen Sie Ihr Kind, was für Geschichten es selber
liest oder gerne lesen möchte, welche Themen es interessieren,
welchen Figuren es nacheifert, welche es kennenlernen, welchen
es aus dem Weg gehen möchte. Denn das Schlüsselwort zur Lesemotivation ist Interesse.

Wer liest, lernt denken

Wenn wir selber Zweifel verspüren, ob das Lesen wirklich so toll
ist und die große Mühe lohnt, dann hilft es vielleicht, sich vor
Augen zu führen, was für ein unglaublich spannender Prozess
das Lesen ist und was dabei eigentlich geschieht: Wer liest, lernt
denken. Indem wir in die Schriftform gebrachte und damit mit-
teilbar gemachte Gedanken lesen, lernen wir abstrahieren. Wir
setzen unsere Wünsche und Sorgen, Hoffnungen und Zweifel in
neue Zusammenhänge, lassen Situationen, die uns unmittelbar
überfordern, von erdachten Figuren durchspielen. Die auf diese

Weise gewonnene Distanz hilft uns, die eigene Wirklichkeit schärfer zu sehen. Wer Angst im Dunkeln hat und eine Geschichte liest, in der es dem Helden genauso geht, erlebt sein Problem als darstellbar und somit verständlich. Wer trauert, kann dank einer Geschichte die eigene Traurigkeit in einem größeren, objektiven Zusammenhang sehen.

Die Fähigkeit, das eigene Erleben aus einem anderen Blickwinkel zu betrachten, ist eine der wichtigsten in der Entwicklung eines Kindes. Und wir, die wir keine Kinder mehr sind, können aus eigener Erfahrung bestätigen, dass dieser Prozess nicht abgeschlossen ist. Jede

Und was steht hier? Es gibt heute kaum noch einen Beruf, in dem man nicht lesen können muss.

neue Geschichte zwingt auch uns, die vom Schriftsteller erdachte Wirklichkeit mit der eigenen Lebenserfahrung in Verbindung zu bringen.

Wer liest, erlebt mehr. Indem wir den Kindern den Weg zum Lesen weisen, schenken wir ihnen weit mehr als Unterhaltung oder Wissen. Wir schenken ihnen die Welt. Schöne Aussichten für kleine Abenteurer.

WISSEN

Lesen fängt viel früher an

Das Lesenlernen vor dem Lesenlernen: Was kann das Kind schon vor der ersten Klasse?

In jeder Grundschulklasse erfassen die Schüler den Lernstoff unterschiedlich schnell. Lara tippt noch mit dem Finger jeden Buchstaben an, Mia spricht bereits einzelne Silben laut aus, Svenja holt sich jede Woche ein neues Buch aus der Schulbibliothek. Warum nur lesen die einen am Ende der ersten Klasse schon stolz viersilbige Wörter, während sich die anderen noch mit einzelnen Buchstaben abmühen? Das Geheimnis: Es gibt ein »Lesenlernen« vor dem Lesenlernen in der Grundschule. Die Lehrerinnen können nur auf dem aufbauen, was die Erstklässler bereits an Vorwissen von zu Hause mitbringen.

Denn das, was Kinder wie Erwachsene neu lernen, wird umso effektiver im Gedächtnis abgespeichert, je besser es den Anschluss an das bereits vorhandene Wissen findet. Prof. Manfred Spitzer, Leiter des Transferzentrums für Neurowissenschaften und Lernen in Ulm, hält dazu einen sehr anschaulichen Vergleich

Multitasking: Im Laufen ein Bilderbuch zu betrachten, scheint hier kein Problem – dieses Kind weiß, welch spannende Geschichten in Büchern stecken können.

11

bereit: »Neue Informationen bewegen sich im Gehirn auf Spuren, die man sich bildlich als Trampelpfade vorstellen kann. Je mehr eigene Erfahrungen ein Kind macht, desto schneller werden die Trampelpfade zu Straßen und schließlich zu Autobahnen ausgebaut und somit Informationen schneller und leichter verarbeitet.« Deswegen ist es wichtig, dass Eltern und Erzieher den Kindern immer wieder Anregungen geben, ihnen Beispiele aus der Welt der Musik, der Bücher, der Natur, der Bewegung zeigen. Wer etwa Gutenachtlieder und andere Lieder vorgesungen bekommt, wird bald mitsingen wollen, wird sich Worte im Lied merken, ihm werden die Reime auffallen. Das abgespeicherte »Hopp, hopp, hopp« hilft, mit dem passenden Reimwort dazu schnell die zweite Liedzeile zu finden: »Pferdchen lauf Galopp«. Je mehr Vorwissen vorhanden ist, umso leichter merkt man sich etwas.

Kinder »lesen« schon Wimmelbilderbücher

Das Lesen- und Schreibenlernen beginnt nicht erst bei der Einschulung: Für das Lesen und für das Schreiben braucht man unterschiedliche Fertigkeiten, die sich Kinder in einem mehrstufigen Entwicklungsprozess aneignen müssen. Alles, was das Kind seit der Geburt an Erfahrungen gesammelt hat, wird zu Bausteinen für den Schriftspracherwerb. Bereits am Ende des sechsten Lebensmonats fängt das »Lesenlernen« an. Mithilfe von einfachen Pappbilderbüchern, in denen einzelne Gegenstände, Kleider, Spielzeug, Nahrungsmittel, Tiere etc. aus der Alltagsumgebung des Kindes dargestellt werden, kann das Baby die abgebildeten Dinge wiedererkennen. Durch dieses Wiedererkennen, Zeigen und Wiederholen von Abbildungen nehmen Babys Bilder wahr.

Buddenbrooks für Kleine: Ganz ohne Text finden Kinder in Rotraut Susanne Berners Wimmelbüchern Hunderte von Geschichten.

Dann werden aus Bildern Worte, später aus Worten Geschichten. Das Baby kann beim Umblättern der Seiten Veränderungen feststellen. Und es bemerkt, dass aus der dreidimensionalen Welt des Alltags im Buch eine zweidimensionale Welt der Fantasie wird. Es speichert Wortklänge im Gedächtnis und formt im Alter von einem Jahr aus Lauten allmählich Worte. Mit etwa zwei Jahren interessiert sich das Kind für kleine Geschichten, die es miterleben will und bei denen es mitmachen kann.

Bereits jetzt wollen die meisten Kinder wie die Erwachsenen in ihrer Umgebung ein Buch selbst lesen können – sie angeln sich ein Pappbuch, ahmen die Sitz- und Vorlesehaltung der Erwachsenen nach und imitieren deren veränderte Stimmlage beim Vorlesen. Unterstützen Sie das Kind in dieser Phase, lesen Sie vor, wenn es mit einem Bilderbuch zu Ihnen kommt. Denn auch das Kind kann schon »lesen«, da lesen auch das Entschlüsseln von Zeichen, Figuren und Zusammenhängen bedeutet – denken Sie nur an die wunderbaren Wimmelbilderbücher, die ganz ohne Text auskommen. Hier sind Kinder völlig gleichberechtigte Betrachter – sonst haben Erwachsene ja stets einen Wissensvorsprung, weil sie die Sätze auf jeder Seite lesen können. Bei den textlosen Wimmelbilderbüchern hingegen entdecken Kinder und Erwachsene gleichzeitig, was auf den Buchseiten passiert, welche Geschichten die Figuren erleben. Und da Kinder Bilder viel, viel besser als wir »lesen« können – sie kennen ja noch keine Schrift, das genaue Hinsehen ist also ihre herausragende Fähigkeit –, stoßen sie fast immer schneller auf Darstellungen, aus denen sie Ereignisse zusammenstellen können. Denken Sie nur daran, wie oft Kinder Erwachsene beim Memory®-Spiel schlagen.

Zu den wichtigsten Vorerfahrungen, die Erstklässlern im Leselernprozess helfen, gehört der Umgang mit Bilderbüchern. Durch sie wird das Kind mit dem Medium Buch vertraut. Da oft in einer Kuschelsituation betrachtet und vorgelesen wird, verbindet das Kind außerdem mit dem Buch positive Erfahrungen und weiß bald: Mit einem Buch nimmt sich jemand Zeit für mich. Darüber hinaus kann das Kind beim Blättern im Bilderbuch selbst das Tempo bestimmen – ein entscheidender Unterschied zum bewegten Bild auf Tablets, Laptops und Fernsehbildschirmen. Wahrnehmen, begreifen, zurückgehen, weiterblättern, nachdenken – je komplexer das Bild im Bilderbuch, umso anspruchsvoller ist das Entdecken. Zudem lieben Kinder in diesem Alter

Wiederholungen (»Noch mal, noch mal!«). Diese Wiederholungen stellen ein wichtiges Moment in der kindlichen Entwicklung dar: Sie helfen, bestimmte Abläufe oder Erkenntnisse zu verinnerlichen. In den Bilderbüchern merkt das Kind aber auch, dass Erlebnisse im Alltag sowohl wiederholt als auch verändert werden können, dass Geschichten auch ganz anders ausgehen können als gedacht.

Wo P steht, da parkt man

Nicht nur in Büchern, auch im Alltag fallen Kindern Bilder, Buchstaben und Wörter auf. Rasch erkennen sie, dass eine Brezel am Haus auf eine Bäckerei aufmerksam macht oder die mit dem Messer gekreuzte Gabel an der Autobahnraststätte ein Zeichen für »Essen« ist, ein Mann und eine Frau dagegen den Weg zum WC weisen. Nicht wenigen sind auch diese zwei Buchstaben schon als Bild vertraut, ebenso das blaue E auf gelbem Grund für Edeka, das rote A der Apotheken, das blaue P für Parkplatz oder das Firmenlogo des Klebstoffs UHU und des Papiertaschentuchs Tempo. Auch bestimmte Wortbilder wie »Pommes« auf der Kiosktafel haben sie sich eingeprägt: »Worte« erkennen, ohne die Buchstaben unterscheiden zu können, ist eine bestimmt Stufe der Entschlüsselung, die sogenannte logografische Stufe. Dazu gehört auch das Wortbild des eigenen Namens, für das sich Kinder schon früh interessieren. »Anna«, »Melina« oder »Philipp« lassen sie sich aufschreiben und zeigen einem Dritten: »Das bin ich!«
In der Kritzelstufe ahmen schon Zwei- bis Dreijährige das Schreiben der Erwachsenen nach, sie wollen gerne etwas ausdrücken. Sie entdecken, dass sich die Wörter auf und ab bewegen, dass sie

Beim E gibt's auch Süßigkeiten: Kinder merken sich schon früh markante Schriftbilder und Buchstaben und wissen, was dahintersteht.

auf einer Linie liegen, dass die Lese- und Schreibrichtung von links nach rechts verläuft. Während Jüngere noch glauben, dass Schrift nur aus einer monotonen Wiederholung derselben Form besteht, fangen Drei- bis Sechsjährige dann an zu begreifen, dass schreiben etwas mit dem Hintereinanderreihen von Buchstaben zu tun hat. Der eigene Name wird als gesamtes Wortbild fleißig nachgestrichelt. Zum Schreiben gehört für die Kinder nicht nur Gekritzel als Versuch der Buchstabenimitation, sondern auch das Zeichnen von Bildern wie Herzchen, Blumen, Bäumen, Köpfen, Tieren – all diese Bilder »erzählen« etwas, wollen etwas festhalten. Auch einzeln hervorgehobene Buchstaben in Bilderbüchern wecken das Interesse der Kinder.

Die vielfältige Entwicklung vom ersten Erkennen von Wörtern bis hin zum flüssigen Lesen haben Leseforscher immer wieder in unterschiedlichen Stufenmodellen dargestellt. Solche Modelle können helfen, die Entwicklung eines Kindes zu verstehen; manchen Schritt können Sie sicherlich ganz direkt an Ihrem Kind beobachten – ein faszinierendes Erlebnis.

Entwicklungsstufen beim Lesen

→ Logografisches Lesen:
Die Wörter werden als Bild gesehen und erkannt – UHU bedeutet Klebstoff, WC steht für Toilette.

→ Alphabetisches Lesen:
Buchstaben werden in Verbindung zur gesprochenen Sprache gebracht und Lauten zugeordnet. Der Buchstabe, der wie eine Schlange aussieht, hört sich an wie »äss« (S). Wörter werden Buchstabe für Buchstabe erlesen und vom Sinn her erkannt: ein »See«.

→ Fortgeschrittenes Erlesen:
Der Leseanfänger ist noch mit dem Zerlegen der Wörter in kleinere Verarbeitungseinheiten beschäftigt: Er setzt aus Buchstabengruppen Silben zusammen, etwa »Eu-ro«. Das Verständnis für den Sinn des gerade gelesenen ganzen Satzes steht noch im Hintergrund.

→ Orthografisches Lesen:
Wenn Wörter wiederholt gelesen werden, fallen bestimmte Regeln und Merkmale auf, zum Beispiel dass »Stiel« und »hohl« anders enden als »still« und »toll«. Das Kind erkennt die Wörter schneller und speichert sie als Wortbild im Kopf ab.

→ Morphematisches Lesen:
Der Leseanfänger kennt schon viele häufige Buchstabenverbindungen, sodass der Leseprozess langsam automatisiert wird. Ein Morphem ist die kleinste erkennbare Einheit, die eine Bedeutung in sich trägt, zum Beispiel kommt »back« in backen, Bäcker, Backblech usw. vor.

→ Flüssiges Lesen:
Die Lesestrategien sind inzwischen automatisiert. Im Mittelpunkt steht jetzt das Textverständnis.

Short Story: Auch kleinere Kinder »schreiben« bereits Geschichten.

Beim Übergang von einer Phase zur nächsten Phase kommt es zu kleinen Verunsicherungen, bis das Kind die neuen Erkenntnisse mit seinen vorherigen abgeglichen hat; das fortgeschrittene Erlesen sowie die folgenden Stufen kommen erst bei der sehr intensiven Beschäftigung mit Buchstaben und Worten zum Tragen, also meist nach der Einschulung. Wichtig ist, diese Entwicklungsschritte nicht absolut zu setzen und keinesfalls in ein Konkurrenzdenken zu verfallen, welches Kind wann welchen Schritt gemacht hat.

Beim Schreiben gibt es ähnliche Entwicklungsschritte: In der logografischen Phase werden die optisch hervorstechenden Merkmale eines Worts besonders beachtet, Vokale (a, e, i, o, u) fallen dann öfter mal weg, etwa bei »Wg« (Weg). In der alphabetischen Phase werden die Worte sehr lautgetreu geschrieben, etwa »zum neien Jar« (zum neuen Jahr). Auch hier wird beim wiederholten Schreiben eine Regelhaftigkeit bemerkt und es baut sich im Kopf nach und nach ein sogenanntes orthografisches Lexikon auf.

Mächtig stolz: Kinder zeigen gern ihre ersten Schreibkenntnisse. Freuen Sie sich über die Schreiblust und fangen Sie nicht an, die Buchstaben zu verbessern.

Warum ist ein d kein b?

Schwieriger wird es für viele Kinder mit der Raumlage von Buchstaben, etwa bei *d, p, b* und *q*. Ist für die Kinder im Laufe des Bilderbuchbetrachtens klar geworden, dass ein Milchtopf immer ein Milchtopf bleibt, egal ob man ihn von oben, von unten, von vorne oder seitlich gedreht sieht, sehen sie sich nun mit einer neuen Situation konfrontiert. Klappt man das d nach rechts, wird ein *b* daraus, klappt man dieses *b* wiederum nach unten, wird ein *p* daraus, dreht man dieses *p* nach links, heißt es plötzlich *q:* Nicht gerade einfach zu verstehen, dass dieses Drehen einzelner Buchstaben im Raum dazu führt, dass dieses Bild des *d*

Große Kinderfrage: Wenn der Topf immer gleich bleibt, egal wie herum ich ihn drehe – warum sind dann *b*, *d*, *p* und *q* nicht derselbe Buchstabe?

nicht immer dasselbe bedeutet, sondern je nach Drehung auch anders heißt – *d* – *b* – *p* – *q*. Oder dass ein *M* kopfüber zum *W* werden kann – »Mut« bedeutet etwas anderes als »Wut«. Dass es nur eine Aufsicht von vorn für jeden Buchstaben gibt, muss erst einmal verinnerlicht werden, weswegen für Kinder der im Raum gedrehte Buchstabe zunächst einmal immer noch derselbe Buchstabe ist und sie die Aufregung der Erwachsenen nicht verstehen.

Mit vier Jahren umfasst der gesprochene Wortschatz durchschnittlich 1000 Wörter, bei manchen Kindern sogar schon 2000. Darüber hinaus hören sie auch genauer hin, wenn es um Satzbau und Grammatik geht; sie bilden beim Sprechen die Mehrzahl richtig (»die Gläser«, »die Bücher«, »die Autos«) und erkennen bestimmte Gesetzmäßigkeiten, etwa in der Vergangenheitsform von Tunwörtern: Wenn es »gelacht«, »geweint«, »geträumt« usw. heißt, könnte es doch auch »Das Kind hat geschlaft« heißen …

Zu diesem Regelerkennen kommt die Fähigkeit hinzu, Silben aus Worten herauszuhören, Reime zu erkennen und selbst Reimwörter zu finden – fast allen Kindern macht das Reimen einen Riesenspaß. Unterstützen Sie Ihr Kind und geben Sie spielerisch drei Wörter vor, von denen sich nur zwei reimen (*Hitze, Ritze, singen/Bauer, Frauen, Mauer*) – Ihr Kind soll das nicht reimfähige Wort herausfinden. Oder geben Sie ein Wort vor (*sauer*), auf das Ihr Kind ein Reimwort suchen soll *(Bauer, Mauer).* Oder lassen Sie es Wörter zusammensetzen *(Schaukel, Stuhl)* und staunend erleben, dass Wörter aus zwei Wörtern bestehen: »Findest du heraus, welche Wörter in dem Wort *Handschuh* stecken?«

Buchstaben sind leider nur zweidimensional: Erst mal komisch, dass man so ein *N* nicht drehen kann ...

Das Heraushören solch kleiner Nuancen wie *Mauer* und *Lauer* ist wichtig. Und auf dem Papier lohnt es sich, Wörter wie *Haus, Maus* und *Laus* zu vergleichen und sich die Anfangsbuchstaben genau anzuschauen: Wie sieht das *H* von *Haus* aus, wie das *M* von *Maus?* Ein luftausstoßendes *H* und ein gesummtes *M* verdeutlichen den Unterschied zwischen den beiden Wörtern.

Bei ihren ersten Schreibversuchen bemerken die Kinder auch, dass die Wörter unterschiedlich lang sein können. Zunächst einmal, so ihre Überlegung, muss ein so großes Tier wie eine Kuh mehr Buchstaben haben als ein kleiner Marienkäfer. Und wenn »WUF« für einen Hund steht, müssen nach der kindlichen Logik zwei Hunde mit »WUFWUF« auf dem Papier wiedergegeben werden. Erst später kommt die Überlegung dazu, dass ein Wort wie »Straßenbahn« beim Sprechen viel länger klingt als »Ei« – folglich malt das Kind in das Wortbild auch mehr Krakel oder Buchstaben hinein.

Wie Sie Ihr Kind schon in den ersten Lebensjahren unterstützen können

→ Geben Sie Ihrem Kind frühzeitig viele Anregungen – zu den ersten Begegnungen mit Sprache gehören die Ruhe ausstrahlenden Gutenachtlieder. Denn Ihre Stimme bietet viel mehr als die elektronische Spieluhr: Bei »Weißt du, wie viel Sternlein stehen?«, »Der Mond ist aufgegangen«, »Guten Abend, gute Nacht«, »La le lu. Nur der Mann im Mond schaut zu« usw. lernen die Kinder automatisch, dass Sprache aus Silben besteht, und entwickeln ein Gefühl für Rhythmus und Reime.

→ Nehmen Sie sich immer wieder Zeit, bewusst deutlich zu sprechen und Nuscheln zu vermeiden. Das hilft Ihrem Kind, die Wörter richtig im Gedächtnis zu speichern.

→ Betrachten Sie gemeinsam Bilderbücher, zeigen Sie dem Kind die abgebildeten Gegenstände und sprechen Sie sie aus. Ihr Kind wird sich die Wörter merken, auch wenn es sie noch nicht aussprechen kann. Das Lernen über das Bild im Pappbilderbuch funktioniert deshalb so gut, weil es immer dasselbe Bild ist, das sich dem Kind leicht einprägt. Danach erkennt es auch die Varianten.

→ Beim Blättern im Bilderbuch lernt Ihr Kind automatisch, dass eine Geschichte chronologisch erzählt wird: Es blättert sich vom Anfang der Geschichte mit jeder Seite weiter bis zum Ende der Geschichte. Es erkennt die Struktur von Büchern und die in Europa übliche Leserichtung von links nach rechts, von oben nach unten (siehe auch Kapitel 4).

→ Sprechen Sie ein Wort aus (»Ball«), schauen sich suchend um und lassen das Kind suchen: »Wo ist der Ball?« Und wenn das Kind auf den Ball zeigt, freuen Sie sich mit ihm, dass es das Wort richtig abgespeichert hat: »Richtig! Da ist der Ball!« Das ist das erste Wortschatztraining.

➡ Zeigen Sie, wenn das Kind schon sprechen kann, auf Dinge im Bilderbuch und lassen Sie Ihr Kind das Wort aussprechen. Bei Wimmelbilderbüchern können Sie sich gut abwechseln: Mal sagt Ihr Kind ein Wort und Sie müssen es auf der Buchseite finden, mal sagen Sie ein Wort und das Kind sucht.

➡ Machen Sie Reimspiele mit Ihrem Kind: Durch »Ri, ra, rutsch, wir fahren mit der Kutsch'« oder »Morgens früh um sechs kommt die kleine Hex« lernt es viele Silben und Wörter, entwickelt Fantasie und Sprachgefühl und Kreativität zum Selberreimen. Kniereiterspiele wie »Hoppe, hoppe Reiter«, wo Ihr Kind auf Ihrem Knie sitzt und es durch die passenden Auf- und Abbewegungen des Knies mitsprechen kann, vermitteln ein Gefühl für den Reimrhythmus. Dasselbe gilt für die Fingerspiele wie »Zehn kleine Zappelmänner« oder »Das ist der Daumen, der schüttelt die Pflaumen«.

➡ Klatschen Sie ab und zu bei Wörtern im Silbentakt: Bil-der-buch, Blu-men-topf, Stra-ßen-bahn und lassen Sie Ihr Kind mitklatschen. Das Kind lernt, genau hinzuhören, und merkt, dass ein Wort aus mehreren Teilen besteht.

➡ Suchen Sie mit älteren Kindern nach Teekesselchen, also Wörtern mit zwei Bedeutungen (Birne: Obst und Glühbirne, Kapelle: kleine Kirche und Musikgruppe, Kiefer: Baum und Kiefer im Mund), die das Sprachverständnis fördern.

➡ Singen Sie gemeinsam Lieder wie »Auf der Mauer, auf der Lauer sitzt 'ne kleine Wanze«, wo in jeder Strophe ein Buchstabe im Wort »Wanze« weggelassen wird, oder »Drei Chinesen mit dem Kontrabass« mit jeweils anderen Vokalen. Kinder zergliedern Wörter, hören genau hin und arbeiten die einzelnen Buchstaben heraus.

All diese Vorerfahrungen sind für die Kinder unabdingbar. Wenn sie ohne diese Fähigkeiten in die Schule kommen, fehlen ihnen für den Schriftspracherwerb zwei bis drei Jahre – diese Phasen müssen durchlaufen werden und finden ansonsten in den ersten Grundschuljahren statt. Deshalb sollten die Kinder von Eltern und Bezugspersonen unbedingt unterstützt werden, mit Papier und Stiften, mit Zuhören, Ausprobierenlassen, Buchstabenmalen usw. Wenn das Kind neugierig ist und wissen will, wie sein Name aussieht und der seiner Schwester, wie PAPA/Papa und OMA/Oma auf dem Papier ausschauen, wenn es fragt und Lust zum Schreiben hat, dann sollte man die Fragen beantworten, sollte das Wort aufschreiben und zeigen, die Kinder Wörter malen lassen und sich über das Interesse freuen. Wird im Gegensatz dazu die Neugier des Kindes immer wieder gestoppt (»Nein, nein, das lernst du später, wenn du in die Schule kommst«), verliert es nach einiger Zeit das Interesse – und das lässt sich in der ersten Klasse auch nicht einfach wieder hervorzaubern.

Ich sehe was, was du nicht liest

Wie wichtig sind Bilder für das Lesenlernen?

Bereits für Ihr Baby gibt es stabile Bilderbücher, die den Spracherwerb fördern. Das gemeinsame Betrachten dieser Bücher aus Pappe oder Stoff lässt Nähe und Vertrauen zwischen Ihnen, Ihrem Kind und der Umwelt entstehen. Die Motive in den Büchern erfüllen bestimmte Anforderungen. So werden beispielsweise die Gegenstände als Ganzes und nie von hinten gezeigt und die Hintergründe sind immer einfarbig.

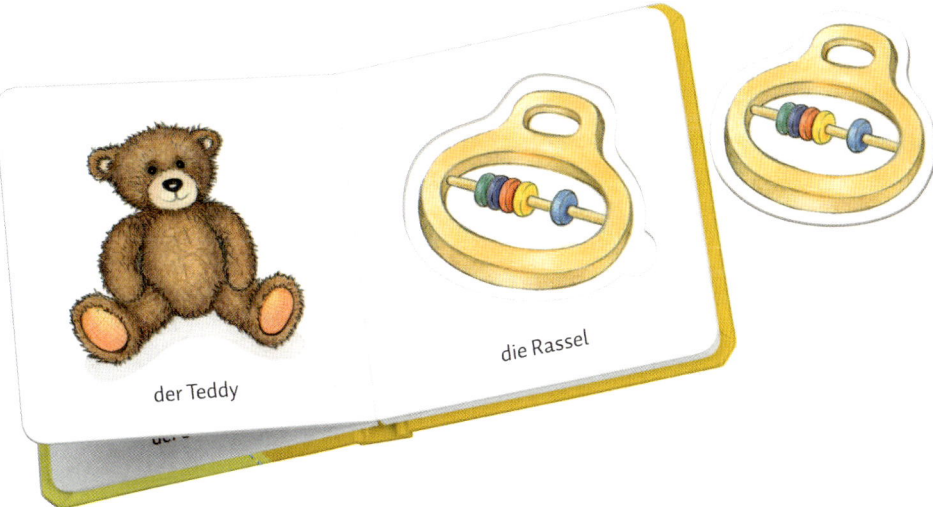

der Teddy

die Rassel

Frühe Erkenntnis: Die Welt draußen gibt es auch zwischen zwei Buchdeckeln – hier gemalt von Irmtraut Teltau im Pappbilderbuch mit Puzzleteilen »Meine Sachen«.

Diese Art der Seitengestaltung auch im Zusammenhang mit ersten Buchstaben, Wörtern und Sätzen beruht auf wissenschaftlichen Erkenntnissen. Nach dem aktuellen Stand der Forschung erfasst das Kind die Welt in Bildern. Doch das gilt nicht nur für Ihr Kind, es gilt auch für Sie selbst. Beim Lesen konzentrieren sich erwachsene Leser auf den Anfang und das Ende eines Wortes. Sogar die Reinehfloge der Buhctsatben in eniem Staz spielt kiene Rolle – wie Sie gerade beim Lesen gemerkt haben. Für das Textverständnis sind die Buchstaben dazwischen eher unerheblich. Ihr Gehirn gleicht in Nanosekunden das Wort, das Sie gerade sehen, mit all den Tausenden anderen Wörtern auf Ihrer »Festplatte« ab.

Ist Ihr Kind allein mit diesen Bilderbüchern, wird es neugierig die Farben und Formen betrachten. Es wird sein erstes Buch erstaunt in den Händen halten und damit spielen. Es wird das Buch bestimmt auch in den Mund nehmen und wohl irgendwann auf den Boden werfen. Das Interesse steigert sich deutlich, wenn Sie gemeinsam mit Ihrem Kind dessen ersten Bücher erkunden.

Vom Anfang bis zum Schluss

In Pappbilderbüchern für etwas ältere ab anderthalb Jahren werden schon Zusammenhänge zwischen den einzelnen Bildern hergestellt, kleine Geschichten erzählt und zielführende Fragen formuliert: Was ist das? Wie geht das? Wo bist du? Sofort beginnt Ihr Kind, zu suchen, zu verstehen oder zu abstrahieren. Bücher dieser Art beflügeln die Fantasie der Kinder und verlangen die aktive Teilnahme der Erzieher. Beim gemeinsamen Betrachten lernt das Kind die Zusammenhänge zwischen den Gegenständen

DIE SONNE ZAUBERT WANGENROT,
MALT BÄCKCHEN FRISCH UND RUND,
DAS EINE LINKS, DAS ANDRE RECHTS
VOM BREITEN GRINSEMUND.

Aus wenigen Linien entsteht die Abbildung eines kleinen Kerls: Das zeigt Eva Schöffmann-Davidov in »Pünktchen, Pünktchen, Komma, Strich«.

und ihren Bezeichnungen kennen, die Sie Ihrem Kind sagen. Bald benennen im Wechselspiel Erwachsener und Kind, was abgebildet ist. Im Nu entstehen auch kleine Geschichten und Ihr Kind lernt so schon sehr früh, wie etwas beginnt und etwas endet, wie ein Buch einen Anfang hat und einen Schluss. Unbewusst ist hier schon das Prinzip des Nacheinanders, der erzählerischen Reihung, also des Literarischen enthalten. Solche Vorgänge bilden die Grundlagen für das spätere Verständnis für Märchen, Geschichten und für Literatur insgesamt.

Wie sich Buchstaben als Bild einprägen

Dass ein Zusammenhang zwischen Lautklang und damit bezeichneter Objektform schon früh erkannt wird, beweist ein kleines Experiment. Zeigen Sie Ihrem Kind einmal eine Wolke und einen Stern und fragen Sie es: »Was ist ›Babu‹ und was ist ›Kiki‹?«

Benennen, was man sieht: Sybille Heins Mäuse-ABC lädt
zum Wörterfinden ein.

Sie werden sehen: Bei »Babu« denkt es an eine Wolke, bei »Kiki«
an den Stern. Die rund und weich klingenden Laute in »Babu«
passen besser zur Wolke als zu spitzen Gegenständen. Sogar die
Formen von Buchstaben können selbst Bilder sein. Viele Illustratoren lassen ihrer Fantasie freien Lauf, wenn es darum geht,
das Alphabet in Bildern umzusetzen. Gerne werden dabei Anfangsbuchstaben entsprechenden Gegenständen oder Tieren zugeordnet. Nicht selten werden die Kinder dann aufgefordert, die
begonnenen Buchstabenrätsel weiterzuspielen.

Netzwerk im Kopf

Bilderbücher für die kleinsten laden also zum Entdecken ein. Ein
Bild, das etwas so Alltägliches wie einen Tisch zeigt, löst bei Ihrem
Kind viele Gedanken aus. Die vier Beine des Tisches sind deutlich

zu sehen. Ihr Kind zeigt mit dem Finger auf den Tisch und sagt: »Tisch« beziehungsweise »Isch«. Das Wort gilt als gelernt.

Aber wie hat Ihr zu diesem Zeitpunkt etwa zweijähriges Kind den Sinn erfasst? Manche Kinder verallgemeinern in diesem Alter und halten jetzt alle Gegenstände mit vier Beinen für einen Tisch und nennen zum Beispiel auch einen Sessel oder ein Sofa »Tisch«. Oder sie verengen den Sinn und nennen nur den Tisch zu Hause »Tisch«, haben aber noch kein Wort für den Tisch bei den Nachbarskindern. Im Kopf eines Kindes muss viel geschehen, bis Bild und Wort, Form und Laut richtig miteinander verbunden werden. Genau betrachtet handelt es sich um ein komplexes System von Verweisen. Da ist also der tatsächlich vorhandene Tisch. Da ist das Bild des Tisches im Buch. Da ist das Bild des Tisches im Kopf Ihres Kindes und in Ihrem Kopf. Da sind die Erfahrungen und das Wissen Ihres Kindes, dass dieser Tisch vier Beine hat, dass er eine Tischplatte hat, dass er zum Beispiel aus Holz gebaut ist – und vielleicht bildet Ihr Kind zu einem späteren Zeitpunkt mit etwa vier Jahren gar eine Eselsbrücke und findet, dass der Buchstabe T Ähnlichkeiten mit einem Tisch hat.

Ein Bild und 1 000 Worte

Letztlich werden Bilder Ihre Kinder ein Leben lang begleiten, in der Internetwelt mehr denn je. Und zunehmend muss man lernen, auch Bilder zu entschlüsseln; denken Sie nur an die Sicherheitshinweise im Flugzeug, die über Bilder funktionieren. Bilder unterstützen beim Lesenlernen, sei es als textbegleitende Illustration, als sich gegenseitig ergänzende Text-Bild-Einheit in Comics oder als Szenen in Graphic Novels, wo sie zuweilen auch

Mit jedem neu gelernten Wort können sich Kinder besser verständlich machen: Bücher wie Christina Brauns »Mein Kindergarten-Wortschatz« geben Hilfestellung.

ohne Text eine Geschichte erzählen. Ein Bild sagt nicht immer mehr als tausend Worte, aber es kann ein Kind motivieren, 1 000 Worte mit Freude und Gewinn zu lesen.

Worauf man bei der Auswahl von Papp- und Stoffbilderbüchern achten sollte

Achten Sie beim Kauf der allerersten Bücher für Ihren Nachwuchs auf die Gestaltung der Bilder. Bedenken Sie bitte, dass es Ihrem Baby noch schwerfällt, den Zusammenhang zwischen dem Bild im Buch und dem entsprechenden Gegenstand in der Wirklichkeit zu verstehen. Haben Sie schon beobachtet, wie es versucht, ein Objekt im Buch anzufassen, um es herauszunehmen? Es ist manchmal anstrengend und immer sehr spannend für Ihr Kind, den gedruckten Tisch auf dem Papier mit dem echten Tisch im Wohnzimmer zu vergleichen, um die Unterschiede und die Ähnlichkeiten zu begreifen. Viele Bücher für die Kleinsten kommen ganz ohne Worte und Buchstaben aus. Die Bildmotive können sehr verschieden sein. Zunächst werden oftmals nur Gegenstände

Zum Vergleichen: Im Pappbilderbuch »Kind und Katze« von Suse Schweizer erleben eine Katze und ein Kind einen Tag vom Aufstehen bis zum Einschlafen.

abgebildet, die Ihr Kind aus dem Alltag kennt. Manchmal werden aber schon kurze Geschichten erzählt. Das kann beispielsweise der Tagesablauf sein. Ihr Kind wird sich in diesen wortlosen Geschichten wiedererkennen. Die Auseinandersetzung mit den angedeuteten Erzählungen wird Ihr Kind zum Denken und Sprechen anregen. Dabei sind die Illustrationen auf das Wesentliche reduziert. Ihr Kind ist gerne auf Augenhöhe mit den Bildern in seinen ersten Büchern. Achten Sie deshalb bitte auf einige Besonderheiten bei den Abbildungen, die Bilderbücher dieser Art berücksichtigen sollten, damit Ihr Kind sich gerne und lange damit beschäftigt:

➡ Ihr Kind mag es nicht, wenn nur Ausschnitte gezeigt werden. Der gesamte Gegenstand sollte immer als Ganzes sichtbar sein.

➡ Die Objekte leuchten in gleichmäßigen und kräftigen Farben (meistens Grundfarben) ohne oder mit nur wenigen Abstufungen.

➡ Die Objekte werden von schwarzen Linien umrandet oder heben sich sehr kontrastreich und deutlich vom Hintergrund ab.

➡ Die Objekte werden von vorne oder von der Seite gezeigt.

➡ Die Objekte werfen möglichst keine Schatten.

➡ Die Hintergründe sind einfarbig.

Dank der sehr klaren Bildeigenschaften lernen schon Babys Elemente wie Punkte, Flecken oder Linien kennen, die zu den Objekten gehören. Gleichzeitig beginnt Ihr Baby, auf den Buchseiten den Unterschied zwischen den Gegenständen und dem Hintergrund zu erkennen. Das Baby bemerkt, dass der zweidimensionale Ball im Buch nicht echt, sondern nur eine Abbildung des dreidimensionalen Balls in der Wirklichkeit ist.

Wiedererkennen als Lerneffekt: Kinder mögen Szenen aus ihrem Alltag, wie sie
Jörg Mühle in »Nur noch kurz die Ohren kraulen?« zeigt.

Achten Sie beim Kauf von Büchern für Ihr Baby auf einige weitere Kriterien. Diese sind oft auch noch für Bücher gültig, die für Kleinkinder geeignet sind:

➲ Die Bücher sollten aus dicker Pappe oder aus sonstigen stabilen Materialien sein. Schließlich müssen diese Bücher viel aushalten: lutschen, kauen, anbeißen – oder sie werden auch schon mal quer durchs Kinderzimmer geworfen.

➲ Der Umfang eines Pappbilderbuchs sollte 16 Seiten nicht übersteigen. Dickere Bücher sind für kleine Kinderhände nicht geeignet.

➲ Die Bilder sollten sich mit Gegenständen und Themen beschäftigen, die Ihrem Kind vertraut sind.

➲ Mit zunehmendem Alter dürfen die Bücher mehr Text haben. Dann sind Pappbilderbücher ideal für Vorlesesituationen einsetzbar.

Der Ernst des Lesens

Warum fühlen sich Kinder und Eltern bei der Einschulung motiviert und mulmig zugleich?

Willkommen in der ersten Klasse! Der Einschulungstag ist ein wichtiges Ereignis im Leben des Kindes.

Der erste Schultag ist im Leben des Kindes ein besonderes Ereignis: »Mensch, du kommst ja schon in die Schule!«, bekommt es zu hören und weiß: Jetzt bin ich kein Kindergartenkind mehr, jetzt gehöre ich zu den Großen. Die kleineren Geschwister sind ein bisschen neidisch, die Erwachsenen stolz und die künftigen Erstklässler sehen dem Einschulungstag mit gemischten Gefühlen entgegen. Auf der einen Seite sind sie voller Erwartungen auf das Neue, wollen das lernen, was die Erwachsenen auch können, geben sich siegessicher: Aufgepasst, jetzt komme ich! Auf der anderen Seite purzeln in ihre Aufgeregtheit Fragen: Was wird da in der Schule alles passieren? Werde ich in der Klasse neue Freunde finden? Werden die Lehrer mich mögen? Wann kann ich lesen und schreiben?

Auch den Eltern schießen viele Fragen durch den Kopf: Wird

sich das Kind in der Gruppe der Klassenkameraden wohlfühlen? Wird es beim Lesen, Schreiben, Rechnen mitkommen? Gewöhnt es sich an den neuen Rhythmus eines Stundenplans? Wie kann ich es unterstützen und in welchem Maß ist Unterstützung nötig?

Warum ein strukturierter Tag dem Kind hilft

Ein für das Kind klar nachvollziehbarer Tagesablauf beginnt nicht erst am Schultag selbst, sondern schon am Abend zuvor: Um morgens ausgeschlafen zu sein, muss man abends rechtzeitig ins Bett gehen. Erwachsene mögen sich mit wenig Schlaf arrangieren, bei Grundschülern wirkt es sich verheerend aus, wenn sie übermüdet sind und so dem Unterricht kaum folgen können. Eltern und Bezugspersonen kennen das Schlafbedürfnis ihrer Kinder am besten; im Durchschnitt braucht das Grundschulkind zehn Stunden Schlaf, was bedeutet: Um acht Uhr sollte die Nachttischlampe ausgeknipst werden und der Schulranzen längst gepackt sein. Und zwar idealerweise lange vor dem Zähneputzen – oder würden Sie entspannt träumen, wenn Sie noch fünf Minuten vorm Schlafengehen Abrechnungen oder Konzeptionspapiere für das morgige Teamtreffen vorbereitet und dabei gemerkt haben, dass ein Papier fehlt?

Um zur Ruhe zu kommen und vorm Schlafengehen eine entspannte Stimmung zu erzeugen, ist es ideal, dem Kind noch eine halbe Stunde vorzulesen. Kinder lieben gute Geschichten und nebenbei wird dem Kind noch einmal deutlich, dass Bücher etwas Schönes sein können und dass sich lesen lernen lohnt – dann kann es nämlich selbst herausfinden, welche Geschichten zwischen den Buchdeckeln stecken.

Mit einem solchen Abschluss können die Kinder den Tag beruhigt hinter sich lassen: Eine Gutenachtgeschichte entspannt.

Hören Sie übrigens mit dem Vorlesen nicht auf, wenn das Kind schon passabel lesen kann. Vorlesezeit ist immer eine gemeinsame Zeit der Nähe. Und wenn das Kind nach den harten Anstrengungen des Lesenlernens gesagt bekäme: »Du kannst ja schon lesen, ich lese dir nichts mehr vor«, wäre das mehr als enttäuschend. Aus Sicht des Kindes würde dies bedeuten: Ich habe mich beim Lesenlernen total angestrengt und statt einer Belohnung dafür werden mir nun auch noch Zuwendung und Aufmerksamkeit entzogen. Das wäre sicherlich das falsche Signal.

Ebenso wichtig wie das entspannte Zubettgehen ist es, morgens genügend Zeit einzuplanen: Ein bisschen Aufwachzeit, Zeit fürs Bad, Zeit zum Frühstücken, Zeit für den Schulweg – all das hilft Ihrem Kind, den Schultag ohne Stress zu beginnen.

Ihr Interesse erzeugt Lernfortschritte

Im ersten Schuljahr kommt das Kind jeden Tag mit neuen Eindrücken von der Schule nach Hause – und freut sich, wenn die Eltern und andere Bezugspersonen Anteil nehmen und Interesse zeigen. Das gilt auch noch, wenn es zwischenzeitlich im Hort war. Fragen Sie: Wie war's in der Schule? Wie war's im Hort? Was habt ihr gelernt? Nicht als Kontrolle, nicht als Anlass für sofortiges Korrigieren (»Das schreibt man aber anders!«), sondern als neugierige Anteilnahme soll es beim Kind ankommen. Die meisten Kinder sind stolz, wenn sie einem Erwachsenen zeigen können, wie ein A als großer und kleiner Buchstabe aussieht und wie es das Wort »Maus« schreibt.

Es wird nicht ausbleiben, dass das Kind bald merkt, dass die Schüler in der Klasse unterschiedliche Lerngeschwindigkeiten haben. Lennart kann schon mehr Buchstaben als die anderen schreiben, Torben kann schnell Zahlen addieren, bis Marius ein Wort gelesen hat, hat Yannick schon fünf Wörter vorgelesen. Dann kann rasch das Gefühl aufkommen, dümmer zu sein als die anderen. Vielleicht versteht ein Kind auch die Erklärungen der Lehrerin nicht so gut oder hat Angst, ausgelacht zu werden. Hier ist ein offenes Ohr für die Sorgen und Nöte des Erstklässlers wichtig. Interessieren Sie sich für seine Lernfortschritte (heucheln Sie kein Interesse, das merken Kinder schnell und sind dann zu Recht enttäuscht und demotiviert), lassen Sie sich geduldig Wörter und Sätze vorlesen, auch wenn es seine Zeit braucht, bis der *R... R-e... Re-g... Reg-e... Rege-n... Regen* den Mund verlassen hat. Und loben Sie – Lob motiviert, stärkt das Selbstwertgefühl. Denn lesen lernen ist Schwerstarbeit. Oder wie lange würden Sie brauchen, um ein Wort in kyrillischen Buchstaben entziffern zu können?

Хвалите своего ребёнка!
Повышайте его самооценку!

Loben Sie Ihr Kind.
So stärken Sie sein Selbstwertgefühl.

Warum Vorbilder wichtig sind

Wie im ersten Kapitel geschildert, sind die vorschulischen Vorkenntnisse von großer Bedeutung für das Lerntempo. Fakt ist jedoch, dass es in fast jeder ersten Klasse Schüler gibt, die kaum solche Vorkenntnisse mitbringen. Viele von ihnen kommen erst in der Schule mit Büchern und mit Schrift in Berührung. Auch sie werden lesen lernen, aber sie brauchen viel mehr Zeit, denn für sie ist alles neu. Im Gegensatz zu Kindern, die viel Umgang mit Bilderbüchern hatten, bringt sie bereits ein sehr einfacher Geschichtenaufbau mit Miniwörtern ins Schwitzen. Das, was den »Bilderbuch-Profi«-Klassenkameraden bei Erstlesebüchern von Inhalt und Form her als völlig normal erscheint, wie die Leserichtung von links nach rechts, ist für diese Kinder schon eine echte Herausforderung. Sie müssen sich mithilfe der Lehrerin erst einmal die Lesetechnik erobern, was vielfaches Üben bedeutet. Während die im Umgang mit Bilderbüchern vertrauten Kinder schon ein recht gutes Gespür dafür haben, wie Geschichten »funktionieren«, verstehen die Kinder ohne Vorkenntnisse auch die Inhalte der Texte erst später.

Nicht unwichtig ist, ob das Kind Eltern und Bezugspersonen im Alltag mit Büchern erlebt. Wenn es die Erwachsenen nie in Büchern und Zeitschriften lesen sieht – wozu soll es dann lesen lernen? Wenn Papa und Mama kein Buch in die Hand nehmen, dann scheinen sie das Bücherlesen nicht zu brauchen – und dann braucht nach der kindlichen Logik der Erstklässler

Wie oft sieht Ihr Kind Sie lesen?

es auch nicht wirklich zu können. Auch wer auf Smartphones fleißig liest und tippt, vermittelt nicht das Bild eines konzentrierten Lesers, sondern strahlt meist eine eher hektische Unruhe aus.

Methoden des Lesenlernens

Die Voraussetzungen für das Lernen sind bei der Einschulung absolut positiv: Die Erstklässler sind neugierig, sie wollen lesen und schreiben lernen, weil sie schon früh erkennen, dass sie damit einen Zugang zur Welt der Erwachsenen bekommen und dass sie mit diesen beiden Fähigkeiten dem elterlichen Wissensmonopol etwas entgegensetzen können. Wer die Wörter auf Verpackungen, Plakaten, Zetteln oder in SMS lesen kann, wird selbstbestimmter und selbstständiger.

In der ersten Klasse rufen die Kinder ihr Vorwissen wieder ab, das im ersten Kapitel dieses Buchs beschrieben wurde. Einzelne Wörter haben sie schon als Vierjährige aufgrund ihres äußeren Bilds wiedererkannt, etwa *ANNA* wegen seiner Schmetterlingsgestalt (AN|NA) oder *Alex* wegen des markanten *x* am Wortende. Bei diesem logografischen Lesen sind dann auch schon bald erste Schwierigkeiten aufgetaucht, weil *Max* oder *Felix* zum Beispiel ebenfalls dieses markante *x* am Ende haben. Waren diese Lesestrategien noch intuitiv, wird der Schriftspracherwerb in der Grundschule nun professionell angegangen. Zunächst einmal: Welche gängigen Methoden gibt es eigentlich beim Lesenlernen? Grob unterscheidet man zwischen zwei Gruppen: dem *synthetischen* und dem *analytischen* Verfahren.

Die synthetischen Methoden

Die synthetischen Methoden arbeiten sich mit kleinen Wortelementen vom Leichten zum Komplizierteren hin – einzelne Elemente werden zu größeren zusammengefügt:

1. **Die Buchstabier-Methode** gehört zu den ältesten synthetischen Leselernmethoden. Zuerst lernt der Leseanfänger die Buchstaben kennen (*T A S C H E*), dann die Silben (*Ta-sche*, er lernt einfach aufgebaute Wörter (*em + u + te = Mut*) und schwierigere (*te + a + äss + ce + ha + e = Tasche*). Da im Deutschen die Buchstaben aber nicht mit den Lauten gleichzusetzen sind, gibt es allerlei Probleme.

2. **Die Lautier-Methode** gibt es seit dem 16. Jahrhundert: Die Leseanfänger lernen einzelne Laute und setzen sie dann zu Silben

und Wörtern zusammen. Aber auch hier gibt es Fallstricke: In den Wörtern *Hexe*, *Kek*s und *sech*s etwa wird der *ks*-Laut mit verschiedenen Graphemen/Buchstaben geschrieben; und umgekehrt kann ein Graphem unterschiedlich ausgesprochen werden, etwa das *ch* in *Christian*, *Milch* oder *lachen*.

3. **Die Anlaut-Methode** ist fast ebenso alt und verknüpft jeden Buchstaben und Laut mit einem Bild (*E* wie Esel, *Eu* wie Eule). Damit soll man sich Aussprache und Schreibweise besser merken können. Problematisch ist, dass bei den vielen Einzelassoziationen zu den Buchstaben die Fokussierung auf die Zusammensetzung der Buchstaben ins Hintertreffen gerät und der Überblick in Bezug auf das Wort verloren geht.

4. **Die Naturlaut-Methode** von Comenius aus dem 17. Jahrhundert zieht Laute aus der Natur als Vergleich heran, damit man sich die Buchstaben einprägen kann: die Kuh muht »U« oder das Wasser ist so kalt, dass man »Uuu!« ruft, der Wind säuselt »S«, der Hahn kräht »Iii« usw.

Die analytischen Methoden

Im Gegensatz zu den synthetischen Methoden stellen die analytischen Methoden das abstrakte ganze gesprochene/geschriebene Wort in den Vordergrund und zergliedern daraus dann die einzelnen Bestandteile:

1. **Die Ganzwort-Methode** taucht erstmals im 18. Jahrhundert auf und gibt ganze Wörter vor wie *Haus* oder *Oma*, die sich der Leseanfänger einprägen soll. Im nächsten Schritt sollen durch

Wortvergleiche (*Oma – Opa, Haus – Maus*) Wortteile erfahren und gelernt werden. Bei dieser Methode, die dem logografischen Schreibansatz entspricht und in Deutschland ab den 1960er-Jahren stark in Mode kam, steht der Leseanfänger vor großen Hürden: Er soll ganze Wörter voneinander unterscheiden, obwohl er die einzelnen Buchstaben gar nicht kennt. Das mag bei kurzen Wörtern wie *Ball* oder *Ast* noch klappen. Beim Wort *Autobahn* muss er sich aber schon die richtige Reihenfolge von acht Buchstaben im Schriftbild merken, was alles andere als leicht ist. Suchen Sie einmal in den Beipackzetteln von Arzneimitteln nach einem langen Wort: Bei *Ammoniumdihydrogenglycyrrhizinat* sind Sie in derselben Situation wie ein Abc-Schütze und können sich vorstellen, wie weit Sie mit der Ganzwortmethode kommen.

Au-to-tür
Ammoniumdihydrogenglycyrrhizinat

Ohne die Silben zu trennen, fällt es schwer, längere Worte auszusprechen

2. **Die Ganzsatz-Methode** aus dem 19. Jahrhundert geht noch stärker davon aus, dass die Schrift weniger eine Buchstaben- als vielmehr eine Bilderschrift sei, deren einzelne Zeichen die Kinder auswendig lernen müssen. Kinder sollen durch Umstellen von Sätzen bemerken, dass ein Satz aus einzelnen Wörtern besteht und in einem nächsten Schritt beim Vergleichen von Wörtern feststellen, dass sie dieselben Buchstaben enthalten.

So wird heute unterrichtet

Nach teilweise sehr heftigen Debatten über die Vor- und Nachteile der synthetischen und der analytischen Methode insbesondere

durch Bildimpuls Situation beschreiben und Erlebtes erzählen; Buchstaben/Laut kennenlernen, indem der Laut deutlich sprechend isoliert, Wortteile erkannt und Wörter in Silben gelesen werden

Das Alphabet kennenlernen: Nach und nach werden den Erstklässlern in Fibeln die Buchstaben nähergebracht, wie hier in der »Karibu-Fibel«.

43

Eseit Ende der 1960er-Jahre werden in den Schulen heute beide Ansätze integriert. In Deutschland gibt es keine einheitlichen Richtlinien für den Schriftspracherwerb, da zum einen jedes Bundesland und zum anderen jede Schule eigene Schwerpunkte setzt. Fast immer wird jedoch der Leselern- mit dem Schreiblernprozess verknüpft. Dabei holen die Lehrer die Erstklässler auf deren jeweiliger Entwicklungsstufe ab und lassen sie frei schreiben. In der ersten und zweiten Klasse werden sie von den Lehrern zum Schreiben motiviert und dürfen auch Fehler machen – im Vordergrund steht das Erfolgserlebnis »Ich kann ja schon Wörter schreiben!«, das nicht durch Sätze wie »Aber das Wort ist doch gar nicht richtig geschrieben« kaputt gemacht werden soll. Wenn sich ein Kind noch in der alphabetischen Phase befindet, ist es noch nicht aufnahmebereit für komplexe orthografische Regeln – aus seiner Sicht ist »Esl« (Esel) schon ganz richtig geschrieben.

Im handlungsorientierten Unterricht werden vielerlei Möglichkeiten genutzt, damit sich die Schüler Gelerntes gut einprägen: Da werden Buchstaben ertastet, geknetet, in den Sand gemalt oder mit dem Finger auf den Rücken des Sitznachbarn gezeichnet. Lautes Vorlesen im Chor mit den anderen nimmt einzelnen Schülern die Angst, das Zaubern mit Wörtern (aus dem *Wurm* wird ein *Turm* und ein *Sturm)* vermittelt Spaß am Lernen.

Schwierigkeiten: Eine Kirsche ist keine Kirche

Zur Unterstützung des Lernprozesses setzen Lehrer meist sogenannte Anlauttabellen ein. Der abgebildete Esel steht für den Buchstaben *E/e*, die Eule für die Buchstabenkombination *Eu/eu*. Diese Anlauttabellen werden von den Kindern unermüdlich

A wie Ameise: Bei den Anlauttabellen, wie hier aus dem Lehrwerk »Leporello«, werden Bilder und Laute verknüpft, damit sich Kinder die Buchstaben(-kombinationen) leichter merken können.

geübt, das dem jeweiligen Buchstaben zugeordnete Wort *(E/e* wie *Esel)* wird laut gesprochen und geklatscht. Zudem prägen sich die Erstklässler die Buchstabenwörter durch kleine Lieder meist so gut ein, dass sie sich auch bei Schülern mit anderen Muttersprachen gut verankern können. Das ist wichtig, denn schließlich heißt ein Esel im Italienischen *Asino* und fängt mit *A* an, im Kroatischen *Osao* und beginnt mit *O* usw.

Es ist nicht immer leicht für die Schüler, Laute und Buchstaben einander zuzuordnen. Sehen wir uns die Wörter »Tiger«, »ihm«, »Biene« und »Ziehbrunnen« an, dann haben zwar alle ein lang gesprochenes *i,* aber dieses *i* wird durch unterschiedliche Buchstabengruppen »sichtbar« gemacht: *i, ih, ie* und *ieh.*

Nichtsdestotrotz erkennt das Kind, wie schon bei der alphabetischen Strategie, die Ähnlichkeiten, etwa dass *Baum* und *Bauer* mit derselben Buchstabengruppe und demselben Laut beginnen, dass *Kissen* und *küssen* oder *Kirche* und *Kirsche* sich nur durch einen Buchstaben unterscheiden. In dieser Phase des

»Zusammenbuchstabierens« sollten Eltern bei kleinsten Erfolgen loben, auch wenn die Silben nur sehr langsam ausgesprochen und wegen der falschen Betonung manchmal kaum wiederzuerkennen sind – wer wie bei »Tiger« ein langes *i* auch bei »Fi-scher« spricht, erkennt die Bedeutung des Worts nicht mehr.

Komplizierte Wörter verlangsamen den Lesefluss und damit das Textverständnis – schauen und hören Sie noch einmal genau hin, wie Leseanfänger die Buchstaben kombinieren: »E… E-s Es w… w-a… wa… wa-r… war… war-e… ware… ware-n waren d… d-r… dr… dr-e… dre… dre-i … S… S-c… Sc… Sc-h… Sch… Sch-w… Schw… Schw-e… Schwe… Schwe-i… Schwei… Schwei-n… Schwein… Schwein-c… Schweinc… Schweinc-h… Schweinch… Schweinch-e… Schweinche… Schweinche-n … Schweinchen …« Spätestens nachdem der Leseanfänger das »Schweinchen« hoch konzentriert zusammengesetzt hat, weiß er nicht mehr, welche Worte er vor dem »Schweinchen« gelesen hat. Deswegen: Anfangs dürfen die Worte nicht zu kompliziert sein.

Warum BAT Beate heißen kann

Kinder versuchen, sehr genau hinzuhören und die Laute in Buchstaben umzusetzen. Wenn das noch nicht so gut klappt, kommt es beim Schreiben anfangs zu sogenannten Skelett-Schreibweisen, etwa *TLR* für *Teller;* Konsonanten werden bevorzugt, Vokale nur mitgedacht und beim Schreiben ausgespart. Auch wenn Lehrer während der gesamten ersten und zweiten Klasse nie den Buchstabennamen, sondern immer seinen Klang nennen (also ein B hauchen oder ein C zischen, nicht „Be" oder „Ce" sprechen): Der früher zur Verdeutlichung hinzugezogene

Vokal ist in den Köpfen drin; auch auf YouTube allgegenwärtige Lieder wie »ABC, die Katze lief im Schnee« funktionieren nur so. Dann setzen Kinder laut gesprochene Konsonanten zusammen und *BAT* bedeutet folgerichtig »Beate« (gesprochen: *Be-A-Te*). Wer »Vatta« sagt und nach einiger Zeit lernt, dass man es »Vater« schreibt, wendet die Regel auch auf andere Wörter an und muss leidvoll erkennen, dass *Sofer* für Sofa gar nicht richtig war. Ebenso wie in einer Fremdsprache ist auch bei Mundarten die Regelhaftigkeit über die akustische Analyse sehr fehlerbehaftet; das Kind muss die ihm vertrauten Wörter zunächst für sich übersetzen, beispielsweise »Beem« in »Bäume« oder »Bleamerl« in »Blümchen«, um so übersetzt dann auch schreiben zu können. Und wenn in einer Region alle »derf« sagen, wird der Erstklässler auch zunächst »derf« statt »darf« schreiben: »Ich derf des net.« Je häufiger aber die einzelnen Wörter vertraut und korrekt geschrieben werden, umso leichter werden sie beim Lesen richtig wiedererkannt.

Warum nachsprechen so wichtig ist

Hilfreich ist auch, beim Schreiben die Lautfolge der Buchstaben leise mitzusprechen, damit sich ein Gefühl für Abweichungen zwischen der geschriebenen und der gesprochenen Sprache entwickeln kann. Wenn sich Mund, Zunge und Lippen – noch während sie einen Laut bilden – schon für den nächsten Laut bereit machen (Koartikulation), gilt diese Strategie als eine der effektivsten Schreibstrategien.

Je vertrauter die Buchstaben, Silben und oft gelesenen Buchstabengruppen werden, umso schneller können sie gleichzeitig

Lädt ein zum Spielen mit Sprache: ABC und alles auf der Welt
von Ute Andresen.

erfasst und verarbeitet werden, was die Lesegeschwindigkeit
enorm erhöht. Vorbereitend können hier Abc-Bücher auf spielerische Weise dabei unterstützen, Laute und Buchstaben kennen-
zulernen: Die Bilder zeigen, dass der Adler, die Amsel und die
Ananas alle mit demselben Buchstaben beginnen, einem *A*. Auch
textlose Abc-Bücher sind hilfreich, da der Betrachter überlegen
muss: Wie heißt das, was ich auf dem Bild sehe? So wird spielerisch der Wortschatz erweitert.

Die Bücher können auch gemeinsam gelesen werden, allerdings sollten die Erwachsenen Geduld an den Tag legen, bis
das Kind ein Wort erkannt hat und stolz auf die vielen kleinen
Erfolgserlebnisse sein kann. »Wer nicht abwarten kann, bis sich
im Kopf des Lesekindes Zeichen-, Laut- und Erfahrungsgestalt

zueinanderfügen, wer ihm das fertige Wort vorsagt, betrügt es um diese Freude«, schreibt Ute Andresen sehr richtig in »ABC und alles auf der Welt« (Beltz Verlag, 2013). Also lassen Sie Ihrem Kind Zeit!

Viele dieser Abc-Bilderbücher zeigen, wie ein fantasievoller, kreativer Umgang mit Sprache aussehen kann. Da kann man Reimpaare suchen *(Baum – Traum)*, Vokale betonen *(Dri Chinisin mit dim Kintribiss)*, Zungenbrecher üben *(Fischers Fritze …)*, Alliterationen *(Täglich flog das Täubchen aus)* und Tautogramme finden *(Beim Baden bläst Blasius Butt bisweilen besonders bunte Blubberblasen)*. All diese Sprachspielereien erleichtern dem Kind die akustische Analyse, machen ihm die Laute bewusst, helfen ihm beim Nachsprechen und systematischen Einordnen der 26 Buchstaben. Das klingt nach Schwerstarbeit – aber der Lernprozess geht fast nebenbei vonstatten und vermittelt vor allem eins: Spaß an der Sprache.

Für die Erstklässler gibt es seit den 1970er-Jahren neben den Fibeln und Schulbüchern besondere Bücher, die Anreiz zum Lesen geben sollen: *die Erstlesebücher.* Sie sind in mehrere Stufen aufgeteilt: Beginnend mit der ersten Stufe mit wenigen und leichten Worten für die absoluten Leseanfänger bis zur letzten Stufe, wenn die Schüler bereits wissen, wie sie an Wörter und Sätze herangehen müssen. Sie helfen dem Kind beim Lesenlernen und entführen es in die wunderbare Welt der Geschichten. Diese Bücher, die ab Seite 78 ausführlich vorgestellt werden, sind vor allem für zu Hause gedacht. Denn die in der Schule vermittelten Lesekompetenzen müssen sich in der Praxis verfestigen. Das geht beim Lesen wie beim Schreiben nur durch regelmäßiges Üben.

Wenn Typen durch die Zeilen eilen

Wie erleichtert die Gestaltung der Seiten den Einstieg ins Abenteuer Buch?

Stellen Sie sich vor: Der beste Freund schenkt ein Buch, von dem er schon ein paar Mal erzählt hat, oder die Kollegin leiht den Krimi, über den man sich in der Mittagspause unterhalten hat. Sie setzen sich gemütlich hin, blättern erwartungsvoll zum Kapitelanfang und denken: Da laufen Ameisen über die Seite, so klein sind die Buchstaben. Und den ersten Absatz finden Sie auch erst nach zwei Seiten. Ersteres könnte ein Hinweis darauf sein, dass man allmählich eine Lesebrille braucht, aber meistens liegt dieser Eindruck daran, mit welcher Schrift und wie dicht eine Seite bedruckt ist. Letzteres, dass man vielleicht gerade einen Roman von Thomas Mann in den Händen hält oder weder Autor noch Verlag an einen lesefreundlichen Einstieg gedacht haben. Wer jetzt nicht wahnsinnig große Lust auf das Buch hat, greift eher zu einem anderen Titel oder sucht sich gleich eine ganz neue Zerstreuung.

Ihrem Kind geht es da nicht anders. Und es besitzt noch nicht annähernd so viel Leseerfahrung wie Sie. Es hat ja gerade erst gelernt, dass Buchstaben keine Ameisenspuren sind, sondern dass aus Buchstaben vielmehr die wunderbare Welt der Wörter, der Geschichten und des Wissens wird. Aber noch ist das Erkennen der Buchstaben und das Entschlüsseln der Wörter harte Arbeit.

Jeder Erstklässler weiß, dass es manchmal ganz schön anstrengend ist, bis er sich einen Satz zusammenbuchstabiert hat. Und wenn das Lesen zu anstrengend wird, kann einem an der tollsten Geschichte die Lust vergehen.

Schriftgröße und »Durchschuss« sind wichtig

Früher war man gewohnt, in einer kleineren Schrift zu lesen. Wenn Sie beispielsweise ein Buch aus den 1970er-Jahren in die Finger bekommen, werden Sie sich die Augen reiben. Was im Erwachsenenbereich als normale Taschenbuchschrift galt, würde man heute gerade noch für Fußnoten verwenden. Auch die Schriften der Kinderbücher sind im Laufe der Jahrzehnte größer geworden. Heute liest man gerne komfortabler.

Eine gut zu lesende Schriftgröße erleichtert Grundschülern das Lesen. Also möglichst keine Ameisenspuren, die sich über die Seiten ziehen, aber bitte auch keine Elefantenpfade. Denn bei einer zu großen Schrift werden nicht genügend Buchstaben auf einen Blick wahrgenommen – dann wird das Wort womöglich gar nicht mehr als solches erkannt. Also weiß der Leseanfänger nicht mehr, wo das Wort beginnt und wo es aufhört. Die Schriftgröße ist aber nur ein Merkmal für die Lesbarkeit einer Buchseite.

Kindern nutzt die schönste Schriftgröße nichts, wenn der »Durchschuss« – das ist der Abstand zwischen den Zeilen – nicht stimmt.

> Stehen die einzelnen Zeilen zu nah beieinander, heben sich die Buchstabengruppen, die ein Wort bilden, nicht deutlich genug vom Rest des Textes ab, sie verschwimmen optisch womöglich mit zu eng darüber stehenden oder zu eng darunter stehenden Buchstaben.

Erstleser brauchen einen weiten Abstand zwischen den Zeilen, damit die Augen die Zeilen als solche wahrnehmen und dann problemlos der jeweiligen Zeile folgen können.

Stimmen also die Schriftgröße und der Abstand zwischen den Zeilen, ist schon viel gewonnen. Einen Strich durch die Rechnung in puncto Leserlichkeit können jetzt noch die Zeilenlänge und die Gestaltung der Seite machen.

Wie lang eine Zeile sein sollte

Das Format der meisten Bücher ist für junge Leser kein Problem – die Bücher sind fast immer so groß, dass sie gut in den Händen des Kindes liegen. Dadurch ist die einzelne Seite für sich genommen dann auch nicht besonders breit und eine Zeile kann gar nicht ellenlang werden. Viele Kinder greifen aber auch immer wieder gerne zu Bilderbüchern. Da sollte man bedenken, dass die Schrift in Bilderbüchern häufig mit Blick auf den erwachsenen Vorleser gestaltet wird, oft kunstvoll verschnörkelt, aber für Leseanfänger nur schwer zu lesen. Wenn es sich bei dem Buch, das sich ein Kind zum Selberlesen aussucht, um einen alten Schatz handelt und die Geschichte vom vielen Vorlesen noch in der Erinnerung des Kindes nachhallt, ist die Zeilenlänge wahrscheinlich weniger ein Problem. Ist das Bilderbuch aber womöglich neu und Ihr Kind will seine frisch erworbenen Lesefähigkeiten vor den jüngeren Geschwistern präsentieren oder stolz der alten Kindergartengruppe vorlesen, dann kann eine zu lange Zeile Schwierigkeiten bereiten. Beim Zeilensprung vom weit entfernten Zeilenende zum Anfang der nächsten Zeile kann es leicht verrutschen – und sofort ist der schon erlesene Sinn des Satzes futsch. Und mal rasch den Text überfliegen, um den richtigen Zeilenanfang zu suchen, das können natürlich wir Erwachsenen, aber Leselehrlinge eben oft noch nicht.

Für uns Erwachsene sind kurze Zeilen aber auch angenehmer, nicht umsonst sind die Seiten einer Tageszeitung in mehrere Spalten unterteilt. Der Text wird dort pro Spalte immer in **Blocksatz** gesetzt. Sind die Zeilen ganz gefüllt, stehen der erste und der letzte Buchstabe einer Zeile immer an genau der gleichen Stelle wie in der vorherigen Zeile. Dadurch kommt es allerdings häufiger zu Worttrennungen.

Bei einer kurzen Zeilenlänge macht das Auge ständig dieselbe Bewegung vom Zeilenende zum Zeilenanfang, was den Lesefluss erhöht.

Im Gegensatz zum Blocksatz erleichtert
ein linksbündiger **Flattersatz**
dem Kind das Lesen:
Hier beginnt eine Zeile immer links
an derselben Stelle,
ist aber unterschiedlich lang.
Mit dem Flattersatz können
Worttrennungen vermieden werden
und der Abstand zwischen den Wörtern
ist auch immer gleich groß.

Gerade bei Büchern für jüngere Leser ist es wichtig, dass die Zeilen nach ihren Sinneinheiten umbrochen werden, die kurze Pause beim Sprung von einer Zeile in die nächste ist also eine gewollte Lese-Luftholpause und passt zum Text. Und weil die Zeilen dann mal kürzer, mal länger sind – die Zeilenenden »flattern« wie eine Fahne im Wind –, heißt das Flattersatz.

Unterschiedliche Schrifttypen

Für erwachsene Leser werden sehr viele gedruckte Texte in Schriftarten mit sogenannten Serifen gesetzt. Bei einer Schrift mit Serifen gibt es an den Buchstabenenden kleine »Füßchen«:

Das ist eine Schrift mit Serifen.
Zum Beispiel Times New Roman.

Das ist eine Schrift ohne Serifen.
Zum Beispiel Arial.

Die Schrift in Schulbüchern und Büchern für Leseanfänger ist dagegen meistens serifenlos. Denn Serifen tragen zwar zu einer deutlicheren Unterscheidbarkeit der einzelnen Buchstaben bei, können aber auch von der Form der Buchstaben ablenken, wie Untersuchungen gezeigt haben. Über die richtige Schriftart für Leseanfänger und über das Aussehen der Buchstaben, die sogenannte Schrifttype, kann man vortrefflich ganze Abende diskutieren. Je nachdem, wen man fragt – jede Schrift hat ihre Vor- und Nachteile. Im Kinderbuchprogramm Nilpferd im G & G Verlag etwa wird eine eigens für die Leseanfänger entwickelte Fibelschrift verwendet, die »Residenza Fibel«.

regulär (Laufschrift, Satzschrift):	**Dreikäsehoch**
käbig (fetter Schnitt):	**Dreikäsehoch**
schawärts (Kursive, Schmuckschrift):	*Dreikäsehoch*
Hupfer (Kapitälchen):	QUARKSCHWEIN
zaundarrig (magerer Schnitt, Schmuckschrift):	Quarkschwein

Die fünf lustig klingenden Schriftschnitte der »Residenza Fibel«: Für jeden Zweck die passende und gut lesbare Schrift.

Wichtigstes Kriterium ist immer, dass jeder Buchstabe seine eigene Form hat und als eigenes Zeichen gut von den anderen unterschieden werden kann. Was bei gespiegelten Buchstaben wie *b* und *d* oder *p* und *q* oft nicht der Fall ist. Auch die Buchstaben *a, g, l* müssen in der Schrift besonders gut lesbar sein: a, g, l. Hier achten Verlage, egal ob sie Bücher für die Freizeitlektüre oder für den Schulunterricht herausgeben, nicht immer aufmerksam auf die Schriftauswahl.

Für die Leserlichkeit eines Textes ist also die Gestaltung der Buchstaben, der Zeilen und der Seite als Fläche wichtig. Ist ein Buch insgesamt gut leserlich aufgebaut, erhöht das die Lesegeschwindigkeit des Kindes, was mit einem höheren Textverständnis einhergeht.

Lassen Sie das Kind entscheiden

Falls Sie sich jetzt die Haare raufen und Sorge haben, dass Sie sich das beim nächsten Buchkauf doch unmöglich alles merken können, dann bitte einmal tief durchatmen.

Ist Ihnen schon aufgefallen, dass Ihr Kind sich beispielsweise durch die kompliziertesten Namen seiner Serienhelden buchstabiert oder die in winziger Schrift gedruckte Zutatenliste auf der Cornflakes-Packung liest? Das funktioniert, weil Ihr Kind sich dafür interessiert. Wenn es nach einem Buch lechzt, weil es gerade in der Klasse angesagt ist, steht die Neugierde im Vordergrund und die Anstrengung tritt in den Hintergrund. Nehmen Sie Ihr Kind deswegen mit in die Buchhandlung oder in die Bücherei: Lassen Sie es Bücher finden, auf die es neugierig ist, und lassen Sie es das Buch aufschlagen und die Seiten anschauen. Die meisten Kinder haben ein gutes Gespür dafür, ob sie die Seiten eines Buchs vom optischen Aufbau her überfordern oder nicht.

Worauf Sie bei einer Erstlesebuch-Seite achten sollten:

→ Die einzelnen Buchstaben sollten gut zu unterscheiden sein.

→ Die Schriftgröße sollte nicht zu klein und für Ihr Kind angenehm lesbar sein.

→ Die Zeilen sollten nicht zu lang sein.

→ Der Abstand zwischen den Zeilen darf nicht zu eng sein.

→ Linksbündige Zeilenanfänge erleichtern es dem Leser, dass er rasch zur folgenden Zeile findet.

→ Die Seite darf nicht zu vollgestopft sein – Ihr Kind braucht eine luftig gestaltete Seite mit genügend leeren Flächen.

→ Auf einer Doppelseite sollten mindestens ein bis zwei Illustrationen sein.

Geduld und Spucke

Ping ist Detektiv.
Tagein, tagaus wartet er
in seinem Büro.
Im Warten ist er ein Meister.

Nur im Detektiv-Sein nicht.
Denn es passiert nichts,
und zwar nie.

Klar aufgebaute Seiten für Leseanfänger: Die findet man in Christian Seltmanns »Kommissar Ping und das Kaugummi-Geheimnis«.

Und wie lesen wir Erwachsenen eigentlich?

Unser Auge kann nur einen äußerst kleinen Ausschnitt wirklich scharf sehen: Ein Erwachsener kann mit einem Blick drei bis maximal acht Buchstaben erfassen. So sucht sich das Auge beim Lesen eines Texts in jeder Sekunde drei bis vier Ruhepunkte (sogenannte Fixationen). Es »hüpft« also durch den Text. Bei den Ruhepunkten nimmt es Informationen auf, was jeweils etwa 300 Millisekunden dauert, die Bewegungen dazwischen dauern etwa 30 Millisekunden.

Wir nehmen Informationen umso leichter auf, je näher sich ein Buchstabe an der Sehgrube befindet, dem Bereich des schärfsten Sehens der Netzhaut. Da die Sehgrube nur Zapfen zur Farbwahrnehmung hat, aber keine Stäbchen für das Dämmerungssehen, kann sie bei schlechten Lichtverhältnissen keine feineren Strukturen erkennen. Zudem wird in der Dunkelheit die Pupille größer, wodurch die Tiefenschärfe abnimmt – das macht es dann sehr mühsam, einen Text zu lesen. Allerdings werden – entgegen einem weit verbreiteten Vorurteil – die Augen dadurch nicht schlechter. Sie ermüden nur schneller.

Ein durchschnittlicher Leser liest in der Minute zwischen 180 und 250 Wörter. Geübte Leser überspringen 40 Prozent der Wörter, vor allem kleinere Wörter, Artikel *(ein, einer, eine, der, die, das* usw.) und Präpositionen *(auf, vor, in* usw.). Das Gehirn fügt die vielen Informationen zu einem Gesamtbild zusammen und korrigiert so auch Buchstabendreher wie »Die Schlüer lasen im Klassneizmmer«. Die Übung macht es also – je mehr wir lesen, umso bekannter sind Auge und Gehirn die Wörter. Wenn Sie morgen eine Fremdsprache lernen, werden Sie erneut diese Erfahrung machen.

Unser Auge fixiert in einer Sekunde drei bis acht Buchstaben.

»Das wollte ich hören.« Jay verteilt mehr Pfannkuchen auf zwei Tellern, als gewöhnlich

Dann springt es zum nächsten Ruhepunkt.

essen könnten. Dann wirft er mir von ck zu. »Und was die Mehrzahl bei *Fra*

Er zögert kurz, und mein Herz macht einen sehr ungeschickten, aber eindrucksvollen Hüpfer. Gleich danach hüpft es noch einmal, diesmal allerdings vor Schreck – die Küchentür öffnet sich krachend, und Flocke steht auf der Schwelle.

»Essen!«, ruft er, als hätte er die letzten

Die dabei gewonnenen Informationen werden mit den im Gehirn gespeicherten Wörtern abgeglichen.

nem Kerker verbracht. Dann zucken seine Tellern zu Jay und mir, und sie weiten si »Ihr!«

Jay zeigt mit ähnlich verblüfftem Gesichtsausdruck nach links. »Ein Schrank!«

Der Irokesenschopf schaukelt hin und

Zeilenanfänge werden stärker wahrgenommen.

ein paarmal den Kopf schüttelt. »Nein, N ne … ihr zwei … gestern Abend … nach dem Spiel …«

»Ich wusste, dass das irgendwann passieren würde«, sagt Jay mit einem bedauernden Unterton, während er Sirup aus dem Regal holt. »Flocke hat die Fähigkeit verloren, in ganzen Sätzen zu sprechen.«

»Seit wann läuft das zwischen euch?«, platzt es endlich aus dem armen Flocke heraus. Die Frage ist eindeutig an uns beide gerichtet, aber ich hüte mich davor, sie zu beantworten. Mir ist sehr wohl bewusst, dass ich bereits Gefühle für Jay entwickelt habe, als er mich noch für eine absolute Plage hielt. Wahrscheinlich sagt er jetzt »Seit einer Woche«, also seit unsere Vielleicht aber auch: »Seit gestern.«

Häufig vorkommende kurze Wörter werden übersprungen.

239

Wie unser Auge beim Lesen springt

Die fabelhafte Welt der Fantasie

Wie erzählt man gute Geschichten?

Wir erzählen einander dauernd Geschichten: am Arbeitsplatz, unter Freunden, beim Psychotherapeuten, in der Schule, am Frühstücks- wie am Stammtisch. Wir erzählen, wenn wir Pläne schmieden oder verwerfen, recht haben oder Unrecht beklagen, Wahrheit suchen oder verschleiern. Warum? Indem wir erzählen, geben wir unseren Gedanken eine Struktur, die uns ermöglicht, im Wirrwarr der eigenen Hoffnungen, Zweifel, Freuden und Sorgen zurechtzukommen. Durch Erzählen stellen wir Beziehungen zwischen der erlebten und der gedachten Wirklichkeit, zwischen Erfahrungen und Ideen her.

Kinder, die durch Zuhören und Betrachten von Bilderbüchern ihre Leidenschaft für Geschichten entdeckt haben, sind viel stärker bereit, sich auf das Abenteuer des Lesenlernens einzulassen. Somit steht das mündliche Erzählen im direkten Zusammenhang mit dem Lesenlernen. Die Sprachförderung und die Literaturerziehung funktionieren nur, wenn das Kind auch sprechen, lesen und schreiben in ihrer Wechselwirkung erfährt.

Geschichten informieren, erziehen und unterhalten. Literarische Geschichten können alle drei Anforderungen erfüllen und loten zudem die Grenzen des Möglichen aus. Denn jeder Geschichte liegt ein Rollenspiel zugrunde: Wir empfinden das Spiel als umso spannender, je besser es uns gelingt, eine Verbindung zwischen

Die Macht der Fantasie: Lesen fördert die Vorstellungskraft und entführt in andere Welten.

der fremden Erzählung und der eigenen Erfahrung herzustellen. Die Autorin oder der Autor muss die Geschichte so erzählen, dass wir sie als *unsere* Geschichte empfinden. Nur dann werden wir von ihr berührt, was nötig ist, damit wir den Heldinnen und Helden folgen und die Geschichte gespannt zu Ende lesen. In diesem Punkt – und nicht nur in diesem – sind sich die Kinderliteratur und die Literatur für Erwachsene sehr ähnlich.

Brücken zwischen wirklich und wahrscheinlich

Geschichten für Kinder weisen allerdings ein paar Besonderheiten auf. Sie waren schon immer von Kompromissen geprägt, stehen häufig noch immer zwischen Nutzen und Unterhaltung, Anspruch und Auftrag, Gebrauchs- und Kunstwert, was oft die Beurteilung ihres literarischen Werts erschwert. Kinder verdienen gute Geschichten, keine Alibi-Erzählungen, die bloß »erziehen« sollen. Es gilt, ihre Fantasie zu beflügeln.

Wie ist das zu erreichen? Und was ist eine gute Geschichte für Kinder? Während Erwachsene sich in ihrem Urteil von Kritikermeinungen, Empfehlungen, Beurteilungen, klingenden oder in Verruf geratenen Namen von Schriftstellern beeinflussen lassen, fällt das Urteil der Kinder direkter aus. Ihre Motivation, eine Geschichte zu lesen, liegt in der Geschichte selbst. Ihnen gelingt es viel müheloser, die Verbindung zwischen der eigenen Wirklichkeit und der Geschichte herzustellen. Für sie ist die Geschichte ein Spiel, in dem die Wirklichkeit und die Fantasie Verbündete sind. Denn Kinder sind Spiel-Experten und gewohnt, die Wirklichkeit ihres Alltags spielerisch zu betrachten. Ihr fantastisches Denken ist in diesem Alter ungemein stark ausgeprägt. Daher sind sie weniger streng, wenn es um die Grenze zwischen der Geschichte und der Realität geht, aber strenger in Bezug auf die Spannung.

Der »Stoff« einer Geschichte

Bei der Wahl der literarischen Stoffe ist es für den Schriftsteller wichtig, sich an der Spielfreude und der Neugier der Kinder zu orientieren, nicht an der Originalität: Letztlich ist es unerheblich, wie oft ein bestimmter Stoff bereits für eine Geschichte verwendet wurde. Wer als Stoff eine verwunschene Burg nimmt, mit Geistern und Vampiren und einem pfiffigen Kind, das dem Geheimnis auf die Spur kommt, hat sich bei der Stoffwahl nicht gerade durch Originalität hervorgetan. Aber das kann trotzdem eine Geschichte ergeben, an der das Kind großen Spaß haben wird. Wir Erwachsene hingegen rümpfen eher die Nase, wenn wir einen Stoff wiedererkennen. Kinder lieben Überraschungen, allerdings nicht in Hinsicht auf den Stoff, sondern auf die Erzählweise und den Plot. Gute Geschichten entstehen aus dem Spiel mit Ideen. Je einfacher, unverkrampfter, ungezwungener dieses Spiel ist, desto eher wird aus der Idee eine gute Kindergeschichte. Kinder sind neugierig auf alles, was sie nicht kennen. Die kleinen Leserinnen und Leser sind bei der Aussicht auf eine Geschichte grundsätzlich aufmerksam. Das Neue, Unbekannte, Fremde und Unheimliche fordern ihre Vorstellungskraft heraus. Wegen dieser unbändigen Neugier legen Kinder mehr Wert auf die Spannung als auf die Harmonie, finden das Gruselige attraktiver als das Gefällige. Wenn es in einer Geschichte ein bisschen unheimlich zugeht, fühlen sich manche Kinder vielleicht etwas unbehaglich, aber es steigert gleichzeitig die Lust, sich auf die Geschichte einzulassen. Das Kind teilt dieses Gruseln mit dem Helden in der Geschichte, ebenso dessen Zweifel, ob das Spiel wohl gut ausgehen wird:

»Es ist zwecklos«, sagte Rocco. »Wir wissen Bescheid!
Wir haben Beweise!«
»Beweise?«
»Dass Sie ein Vampir sind!«, sagte Rocco.
»Bist du ein Idiot?«, brüllte Herr Motzke.
»Schlüssel her – ich sag's nicht noch mal.«
Er trat näher. Rocco sah seine verrückten, stechenden Augen und die tödlichen Eckzähne ganz nah.
Jetzt ist es so weit, dachte er. Jetzt werde ich ermordet und zu Tode gebissen! Ich muss hier raus!

aus: »Rocco Randale. Vampirjagd mit Tomatensuppe« von Alan Macdonald, Klett Kinderbuch, ab 8 Jahren

Der Stoff ist hier zweitrangig: Ein Hausmeister, der den Kindern unabsichtlich Hinweise auf sein kriminelles Doppelleben liefert und erst in einem turbulenten Showdown sein wahres und harmloses Gesicht zeigt, ist gewiss nichts Neues. Wichtiger als ein origineller Stoff sind die Spannung, die Figuren und der Humor.

Warum Spannung und die Figuren entscheidend sind

Spannung entsteht, wenn das lesende Kind einen Wissensvorsprung vor den Figuren in der Geschichte hat. Im folgenden Auszug aus der Geschichte »Die Piraten-Jenny« (erzählt von Volkmar Röhrig in »Die schönsten Bücherbär-Geschichten für Erstleser«, Arena, 2013, ab 7/8 Jahren) ahnt der Leser, was die Heldin Jenny im Schilde führt, die begriffsstutzigen Piraten allerdings nicht:

»Los, ich zeig's euch!«, sagt Jenny, bindet
einen Piraten an den Mast und erklärt:
    »Das ist der Haifischknoten.«
    Der Pirat kann sich nicht mehr rühren.
    »Toll«, staunt Blutige Kralle. »Kennst du
noch andere Knoten?«
    »Klar!«, meint Jenny.
    Den nächsten Piraten fesselt sie ans Ruder,
    den dritten an die Ankerkette,
    den vierten an eine Kanone.

Dank ihrer Pfiffigkeit besiegt Jenny nicht nur die Piraten, sondern sie ermöglicht dem lesenden Kind, sich ebenfalls schlau zu fühlen. Es gibt kaum einen besseren Lese-Ansporn als die

Möglichkeit, in der Geschichte Seite an Seite mit einer interessanten Figur mitzumachen.

Überhaupt sollen die Figuren mehr können, aber weniger wissen als das lesende Kind. Oder es sind, wie im Beispiel der »Piraten Jenny«-Geschichte, nur die Nebenfiguren, die weniger verstanden haben, sodass die Hauptfigur und das lesende Kind sie gewissermaßen gemeinsam überlisten. Das öffnet dem Kind eine Tür in die Geschichte und schafft leichteren Zugang zur Identifikationsfigur. Diese ist umso interessanter, je stärker das Kind ihr nacheifern möchte. Die Identifikation gelingt, wenn die Figur in der Geschichte etwas kann, was das Kind auch gerne könnte, oder sich gerne vorstellt, es bereits zu können. Jenny ist gerade so außergewöhnlich, dass sie fürs lesende Kind interessant ist, zugleich aber in ihrer Verspieltheit und Unbekümmertheit so vertraut, dass es dem Kind leichtfällt, sich mit ihr zu identifizieren:

Jenny hat grasgrüne Haare mit knallroten Strähnchen, das Gesicht voller Sommersprossen und einen bunten Papagei. Der heißt Herr Meier und kann natürlich sprechen.

Normalerweise geht Jenny in die Piratenschule. Heute jedoch schwänzt sie. »Ph!«, mault Jenny. »Segeln, Enterhaken werfen, Schiffe versenken, Schatzinseln finden! Aber immer nur im Klassenzimmer oder an der Tafel! Ich kann alles. Ich will endlich ein Schiff. Ich will richtig segeln und eine echte Schatzinsel finden!«

Spannung kann auch anders herbeigeführt werden, zum Beispiel über die Beschaffenheit der Nebenfiguren:

»Ich wohne nämlich
in keinem normalen Haus.«
»Was ist so besonders daran?«,
fragt Paul neugierig.
»Es ist ein Spukhaus«,
flüstert Ralf in den Hörer.
»Heißt das, es spukt bei euch?«,
fragt Paul ungläubig.
»Fledermäuse leben unterm Dach«,
fängt Ralf an aufzuzählen.
»Im Burggraben schwimmen Haie.
Mein Vater ist ein Vampir
und meine Mama eine Hexe.
Im Garten haben wir Schlangen.«
»Das klingt alles aufregend!«,
ruft Paul. »Übermorgen bin ich da!«

aus: »Besuch im Spukhaus«, enthalten in der Sammlung »Gänsehautgeschichten« von Vanessa Walder, Loewe, 2014, ab 7/8

Der Junge zählt hier ein paar interessante Figuren auf, die alleine schon durch ihr Vorhandensein die Neugier wecken und für Spannung sorgen, bevor sie handelnd in die Geschichte eingegriffen haben. Sie sind interessant, beschäftigen die Fantasie des Kindes und stacheln dessen Leselust an. Somit sind sie eine Einladung fürs Kind, in die Geschichte einzutauchen und sich zugleich mit Freude und Genuss etwas zu gruseln.

Diese fürs Leseerlebnis so wichtige Vertrautheit mit den Figuren kennt das Kind bereits aus dem Bilderbuch. Dort wird die Verbindung in der Regel über die Illustration hergestellt. Beim Erstlesebuch fällt diese Möglichkeit weitgehend weg, weil die Illustration in vielen Fällen leider keinen eigenständigen Erzählton verfolgt. Darum kommt es stärker auf die im Text beschriebenen Eigenschaften und die Handlungsweise der Figur an. Die Figur stellt den Kontakt mit dem Kind her, indem sie die eigenen Zweifel, Hoffnungen, Wünsche oder Ängste für den jungen Leser verständlich und nachvollziehbar vermittelt. Das heißt nicht notwendigerweise, dass über solche Gefühle offen oder gar offensiv gesprochen wird. Aber das Kind muss nachvollziehen können, wie es wäre oder besser: wie es IST, die betreffende Figur zu sein. Selbst dort, wo die Figur – ob aus Unwissen, ob auf Grund von fragwürdigen Schlussfolgerungen – falsch handelt, soll das Kind ihre Handlungsweise verstehen, damit es sich in die betreffende Situation einfühlen kann:

> Muffel kann gut Tore schießen. Er kann
> schwimmen und tauchen und auf einem Seil bis
> ganz nach oben klettern. Er kann Nägel
> einschlagen und Schuhe binden und auf dem
> Kopf stehen. Er kann ein Nilkrokodil von einem
> Alligator unterscheiden und einen Katzenhai
> von einem Hammerhai. Außerdem ist er der
> schnellste Rollerfahrer der ganzen Schule.
> Muffel kann fast alles.
> Nur eines kann Muffel nicht so gut, und das
> ist lesen. Aber lesen ist auch nicht so wichtig.

Denn lesen können sowieso die anderen. Außerdem ist lesen langweilig. Vom Lesen bekommt Muffel immer juckende Augen und schwere Füße. Sobald er ein Buch aufschlägt, fängt er an zu gähnen. Lesen macht ihn einfach müde. Unheimlich müde.

aus: »Lesemuffel« von Saskia Hula und Ute Krause, Sauerländer, 2007

Kinder mögen lustige Texte

Ein weiteres Merkmal guter Geschichten und zugleich eine Methode von Autoren, die Aufmerksamkeit des Kindes wachzuhalten, ist Humor. Er bereitet intellektuelles und ästhetisches Vergnügen und ist darüber hinaus ein sehr attraktives Mittel, um das lesende Kind in die Handlung hineinzuziehen. Denn lachen ist niemals langweilig. Selbst ernste Themen können humorvoll vermittelt werden und dadurch viel von ihrer Schwere einbüßen. Ernst und Spaß müssen keine Gegensätze sein, vor allem dann nicht, wenn Geschichten mühelos Grenzen überwinden: zwischen Wirklichkeit und Möglichkeit, Scherz und Tiefsinn, Wahrheit und Fiktion.

So etwa in der Geschichte »Bulle und Pelle« (erzählt von Kilian Leypold, Gabriel Verlag, 2011, ab 8 Jahren). Ein Junge namens Bulle ist traurig und ratlos, weil sein Kaninchen gestorben ist. Bulle möchte wissen, wohin die toten Tiere verschwinden, und wendet sich mit seiner Frage ausgerechnet an den Metzger:

»Tja, also ...«, sagte er [der Metzger] nach einer Weile, »die Schweine kommen in den Schweinehimmel und die Rindviecher in den Rinderhimmel.«

»Und die Kaninchen?«, fragte Bulle und stellte sich vor, wie Schweine und Kühe mit kleinen Flügeln auf dem Rücken durch den Himmel flatterten.

»In den Hasenhimmel.«

»Und wo ist der?«

»Das«, sagte der Metzger und schnaufte, »weiß Gott allein.« Endlich mal jemand, der es weiß, dachte Bulle. »Wo find ich den?«, fragte er.

Der erste Witz, den ein Kind versteht und über den es lacht, entsteht dann, wenn ein Erwachsener mit Absicht etwas Falsches sagt. Die Mutter blättert das Pappbilderbuch durch, zeigt auf einen Igel und sagt »Ente«. Das Kind weiß, dass die Mutter den Fehler absichtlich macht, doch das schmälert den Spaß nicht. Im Gegenteil: Das Kind lacht und möchte weitere Falschantworten hören und auch selbst erfinden. Dieses Muster bleibt schließlich auch in Witzen für Erwachsene erhalten. Wir lachen über Pointen, weil sie uns überraschen, weil wir – ausgehend von unseren Annahmen – eine andere Schlussfolgerung erwartet hätten oder aber nicht wussten, worauf die Geschichte hinauswill. Auch das Wort »Ente« im oben genannten Beispiel ist eine Witzpointe. Die Komik entsteht aus der Überraschung.

In Kindergeschichten wird diese Umkehrung der üblichen Perspektive das Lesevergnügen steigern und die Fantasie des Kindes zu weiteren Gedankenspielen anregen. Kinder erkennen in solchen Perspektivwechseln das Muster, das ihnen aus ihren Spielen mit unterschiedlichen Rollen (Vater – Mutter – Kind usw.) vertraut ist, und finden sehr rasch den Zugang zur Geschichte. Auch wenig versprechende und wenig originelle Stoffe können dank einer simplen Umkehrung der gewohnten Sichtweise in spannende, lustige und auch tiefsinnige Geschichten verwandelt werden:

Lenka war ein zufriedenes und fröhliches Hundemädchen, aber da gab es etwas, wovon sie oft träumte: Wie viele andere kleine Hunde, so wünschte sich auch Lenka einen Spielkameraden ganz für sich allein.
Jeden Tag lag Lenka ihrer Mutter und ihrem Vater in den Ohren:
»Könnten wir uns nicht einen Menschen zulegen?«
Aber ihr Vater sagte streng:
»Kleine Menschen schreien nur und bringen nichts als Unordnung in die Hütte. So was können wir bei uns nicht brauchen.«
Ihre Mutter war derselben Meinung:
»Außerdem haben wir in unserer Hütte auch gar keinen Platz.«

aus: »Der kleine Hund, der unbedingt ein Mädchen haben wollte«, von Sari Peltoniemi, Hanser, 2008, ab 8 Jahre

Hör zu, ich erzähl dir was

Kinder lieben Geschichten. Sie lassen sich gerne auf erfundene Figuren und deren spannende Erlebnisse ein, und zwar lange, bevor sie selber lesen können. Sie sind ein grundsätzlich interessiertes, aufgeschlossenes Publikum. Indem wir ihnen Geschichten

Ein Märchenerzähler und sein staunendes Publikum: Kinder freuen sich über gute Geschichten.

erzählen, führen wir eine sehr alte Tradition weiter, welche die wichtigste Voraussetzung fürs Lesen von literarischen Texten ist: das mündliche Erzählen, das in vielen Kulturen weitaus mehr verbreitet ist als das Betrachten von Bilderbüchern. Nicht jedes Kind, das in Deutschland eingeschult wird, ist mit Bilderbüchern aufgewachsen und hat die Leserichtung kennengelernt. Den Aufbau einer Handlung, die Struktur von Geschichten hingegen erfahren Kinder sehr wohl in den mündlichen Erzählformen wie den Märchen und Sagen.

Das traditionelle direkte mündliche Erzählen, bei dem der Geschichtenerzähler sein Publikum unmittelbar vor sich hat und sich an dessen Reaktionen auf die Geschichte direkt orientieren kann, ist selten geworden. Das ist bedauerlich – nicht nur, weil damit ein Stück Kultur, eine wertvolle Tradition verloren geht. Sondern auch, weil es zahlreiche Möglichkeiten bietet, das grundsätzliche Interesse der Kinder an Geschichten zu nähren und sogar zu stärken: Mündlich erzählte Geschichten sind einfacher konstruiert, der Einsatz von manchmal verwirrenden Rückblenden ist eingeschränkt. Der Erzähler kann sich auf das jeweilige Publikum einstellen. Er kann in verschiedene Rollen schlüpfen und die Figuren mithilfe der Stimme, der Mimik, aber auch der unterschiedlichen Sprechweisen charakterisieren, er kann mit dem Tempo spielen, geschickt Pausen einstreuen, den Erzählfluss beschleunigen, dann wieder fast zum Erliegen bringen. Indem er Fragen stellt, bezieht er sein Publikum in die Geschichte ein, steigert die Eindringlichkeit; er wundert sich bei erstaunlichen Wendungen, lacht bei lustigen Szenen, täuscht bei traurigen Passagen Traurigkeit vor.

Was das mündliche Erzählen zusätzlich attraktiv macht, ist seine Nähe zur Umgangssprache, die ebenfalls dem jeweiligen Publikum angepasst werden kann. Somit fördert das mündliche Erzählen das Interesse an Geschichten und motiviert, Geschichten auch selber zu lesen. Denn anders als bei uns Erwachsenen ist das mündliche Erzählen bei Kindern keine Alternative zum Lesen, sondern der erste und vermutlich entscheidende Kontakt mit der Literatur.

Ob erzählt, vorgelesen und selbst gelesen, Kinder verdienen gute Geschichten: Weil diese für die Beziehung zwischen Sprache und Fantasie wichtig sind, weil Geschichten auch eine Form von Spiel sind, weil Geschichten den Blick für die Wirklichkeit schärfen und so den Kindern helfen, ihren Platz in dieser Wirklichkeit zu finden.

Texte ohne Verfallsdatum

Welche Qualitätskriterien sollten Erstlesebücher erfüllen?

Erinnern Sie sich noch an Bilder- oder Erstlesebücher aus Ihrer Kindheit? Welche Bücher fallen Ihnen da spontan ein? Die Kinderbuchforschung hat ergeben, dass es einerseits Klassiker und andererseits »schräge« Titel sind, die von eher seltsamen Ereignissen berichten und auf ungewöhnliche Weise illustriert sind. Autoren und Illustratoren von ausgefallenen Erstlesegeschichten, besonders wenn sie außerhalb von etablierten Reihen erscheinen, stehen vor großen Herausforderungen.

Je kürzer die Geschichte ist, desto schwerer ist sie zu entwickeln. Die Künstler haben wenig Raum, um ihre Helden vorzustellen, deren Persönlichkeit zu entfalten und in eine interessante Handlung einzubetten. Kaum fangen sie damit an, muss die Geschichte schon wieder zu Ende sein.

Die Schwierigkeit, einen fesselnden Text für Leseanfänger zu schreiben, liegt auch darin, dass sich in Erstlesebüchern Elemente der Gattung »Schulbuch und Fibel«, »Bilderbuch« und »Illustrierter Kinderroman« vermischen. Aus der Kombination dieser drei Schnittmengen soll ja etwas Neues und Originelles entstehen: ein qualitativ hochwertiges Erstlesebuch. Es muss didaktischen, literarischen und künstlerischen Ansprüchen gleichermaßen genügen und die Kinder beim Schriftspracherwerb unterstützen. Es gibt viele Bücher, denen das vorzüglich gelingt.

Wie finden Sie nun die »passenden« Bücher für Ihr Kind?

Lassen Sie einige sehr unterschiedliche Erstlesebücher auf dem Wohnzimmertisch liegen und schauen Sie, welches die Aufmerksamkeit Ihres Kindes erregt.

➡ Beobachten Sie Ihr Kind beim Lesen eines Erstlesebuchs. Wie verändert sich die Mimik Ihres Kindes? Fiebert es mit der Geschichte mit oder langweilt es sich? Wie lange fesselt das Buch Ihr Kind? An welcher Stelle bricht Ihr Kind die Lektüre ab? War es der Inhalt der Geschichte oder ein äußerer Reiz, der Ihr Kind abgelenkt hat?

➡ Sprechen Sie mit Ihrem Kind über seine Leseerfahrungen.

➡ Vergleichen Sie die Äußerungen Ihres Kindes mit den Büchern, die bei Ihrem Kind punkten konnten. Was hat das Kind angesprochen: War es der Titel? Das Thema? Die Motive der Illustration und der Stil, in dem die Bilder gemalt sind? Der Aufbau der Buchseiten? Die Handlung?

➡ Gehen Sie mit diesem Wissen um die Lesekompetenz und die Interessen Ihres Kindes – idealerweise gemeinsam mit Ihrem Kind – in eine gut sortierte Buchhandlung und fragen Sie gezielt nach Büchern für Leseanfänger. (Diese müssen nicht notwendigerweise in Erstlesereihen erschienen sein.)

Mit diesem Wissen tauchen Sie schon nach Perlen in der Bücherflut, die Sie sowohl in Erstlesereihen als auch außerhalb davon finden werden. Aber nicht alles, was glänzt, wird aus Ihrem Kind einen guten Leser machen.

Vorlesezeit ist geschenkte Aufmerksamkeit

Nicht selten sind Erwachsene geneigt, Kinder ab der Einschulung mit den eigens für den Nachwuchs gemachten Büchern allein zu lassen. Gönnen Sie Ihrem Kind und sich deshalb immer wieder besondere Bücher, die für alle ein Gewinn sind. Dies kann ein bewährtes Bilderbuch sein, das Ihr Kind bereits sehr schätzt, oder eines, das es noch nicht vollständig lesen kann.

Achten Sie dabei auch auf die Qualität und die Funktion der Illustrationen. Diese werten die Bücher auf, indem sie zum Beispiel Erwartungen wecken, die Handlung mit mehr Einzelheiten ausstatten, die Aussage der Geschichte verstärken. Es ist schön, auch in der Erstlesezeit gemeinsam (Bilder-)Bücher zu lesen und dabei zu erleben, wie Ihr Kind immer selbstständiger wird. So entsteht ein allmählicher Ablösungsprozess und das Ziel rückt näher: Ihr Kind wird zum unabhängigen Leser. Im Idealfall ist der Zusammenhang zwischen Buchstaben und Bild, zwischen Optik und erzählter Geschichte so stark, dass sich Leseglück einstellt. Das schließt nicht aus, dass es immer noch gerne vorgelesen bekommt, denn Vorlesezeit ist geschenkte Aufmerksamkeit.

Leselernstufen in sogenannten Erstlesereihen

Bei der Auswahl der für Ihr Kind am besten geeigneten Erstlesebücher gilt es, viele weitere Dinge zu beachten: etwa das Alter und die Leselernphase, in der sich Ihr Kind befindet.

Die Fortschritte beim Spracherwerb sind jedoch individuell sehr verschieden; während manche Kinder noch Buchstaben mühsam aneinanderreihen, lesen andere schon mühelos ganze Sätze vor.

Das Lesenlernen ist ein Prozess, der eher von fließenden Übergängen als von kantigen Stufen geprägt ist. In Kindergartengruppen oder mit befreundeten Erstklässlern lassen sich die Unterschiede in der Lesekompetenz gut vergleichen, um die Fortschritte besser festzustellen. Für jede Phase in der fortschreitenden Entwicklung der Lesekompetenz gibt es geeignete Bücher. Erstlesebücher werden thematisch von den Verlagen gerne für Mädchen und für Jungs getrennt angeboten. Fußball-, Piraten- oder Superheldenaction-Geschichten für die einen und Freundschafts-, Pferde- und Prinzessinnengeschichten für die anderen. Das kann den Kindern Spaß machen. Achten Sie jedoch darauf, ob in Erstlesebüchern die Geschlechterrollen auch mal hinterfragt werden. Denken Sie deshalb an folgende Stichworte, wenn Sie in die Buchhandlung gehen:

○ Das Buch muss nicht zwangsläufig nur für Mädchen oder für Jungs sein.

○ Falls das Buch eine Altersangabe enthält, prüfen Sie trotzdem kritisch, ob es für *Ihr* Kind mit seinen aktuellen Lesekenntnissen passt.

○ Die Geschichte soll Ihr Kind motivieren weiterzulesen: Die Gegenwartsform ist einfacher als die Vergangenheitsform; zu viele Zeilensprünge bremsen den Lesefluss; der linksbündige Flattersatz soll sinnbezogen sein und der Blickspannweite entsprechen.

○ Reime, variierende Wortwiederholungen oder Sprachmuster erleichtern das Lesen und wecken die Lust an Sprachspielen.

○ Die Wörter sollen gebräuchlich und nicht zu lang sein. Wenn doch hin und wieder seltene Wörter und ungewöhnliche

Kinder mögen ungewöhnliche Situationen und Sprachwitz, wie hier in »Coolman. Ab in den Zoo« von Rüdiger Bertram.

Bilder auftauchen, können sie dazu dienen, dass Sie und Ihr Kind gemeinsam den Sinn entschlüsseln.

○ Texte dürfen lustig sein und Sie und Ihr Kind zum Lachen bringen, indem sie Doppeldeutigkeiten enthalten oder witzige Geräuschwörter verwenden.

Das alles sind Merkmale für Erstlesebücher, die kein Verfallsdatum haben. Im Anhang finden Sie eine Liste von modernen Klassikern, die sehr empfehlenswert sind. Mit geschärftem Blick für die Qualität von Erstlesebüchern, werden Sie auch selbst fündig. Gehen Sie in Ihrer Buchhandlung und der Bücherei vor Ort auf Abenteuer- und Entdeckungsreise!

Immer der Reihe nach

Welche Lektüre-Angebote gibt es für Leseanfänger?

Lesen lernen musste man immer schon. Dafür gab es die Lesefibeln in der Schule und die Lektüre zu Hause. Aber spezielle Bücher für Leseanfänger? Braucht man die überhaupt? Kinder haben doch früher auch ohne solche Hilfsmittel lesen gelernt. Schon. Aber es geht alles etwas einfacher, wenn sich Bücher Schritt für Schritt den wachsenden Fähigkeiten ihrer jungen Leser anpassen. Wie in den sogenannten Erstlesebüchern.

Was genau ein Erstlesebuch ist und was es ausmacht, geht auf den Literaturdidaktiker Peter Conrady zurück, von 1981 bis 2009 Professor für deutsche Sprache und Literatur und ihre Didaktik an der Universität Dortmund. Ab den 1970er-Jahren hat er intensiv die Grundlagen des Lesenlernens erforscht; er hat seine Arbeit wie folgt beschrieben: »Untersuchungsfelder waren unter anderem Schriftart, Schriftgröße, Buchstabentyp, Buchstabenstärke, Buchstabenabstand, Wortabstand, Zeilenlänge, Zeilenführung, Text- und Text-Bild-Arrangement, Zeilen pro Seite, Verhältnis Bedrucktes – Unbedrucktes, Papierqualität, Druckfarbe, Farbigkeit, Einband und, und, und. Besonders wichtig waren aber, neben diesen mehr typografischen Faktoren, die sprachlichen und lerntheoretischen Aspekte: Was erleichtert lesen und verstehen? Was erschwert lesen und verstehen? Was interessiert Kinder?«

Die vielfältigen Ergebnisse seiner Forschungen haben noch heute

Bestand. Sie wurden auch in die Praxis umgesetzt. Gemeinsam mit dem Literaturdidaktiker Herbert Ossowski plante und verwirklichte Conrady für den Arena Verlag entsprechende Taschenbücher für Kinder im Grundschulalter. Diese Bücher trugen zu Anfang den Reihentitel »Erstlesebuch LiLaLeseratz Leseprofi«. Mit ihnen wurden Standards für den Aufbau von Innenseiten für Leseanfänger gesetzt:

○ keine Zeile länger als 9 cm

○ nur ein Sinnschritt pro Zeile, jede neue Zuordnung zu Personen, jeder neue Handlungsschritt oder eine direkte Rede beginnt in einer neuen Zeile

○ großer Abstand zwischen den Zeilen

○ Fibelschrift, die Schrift, mit denen die Kinder auch in Schulbüchern lesen lernen und die möglichst eindeutige Buchstaben verwendet

○ keine zusammengesetzten Wörter wie »Eisenbahnschranke« oder »Meerschweinchenkäfigtür«, weil Kinder hier schnell den Überblick über die einzelnen Worte und den Sinnzusammenhang verlieren. Es sei denn, es handelt sich um Eigennamen oder besondere Bezeichnungen, die nicht ersetzt werden können. Ein Wort wie »Nintendo« ist sicherlich nicht einfach zu lesen und zu buchstabieren, aber dafür liefert die Lebenswelt der Kinder eine entsprechende Hilfe.

Dem folgte später das Arena-Stufenmodell, aufsteigend von Büchern für Leseanfänger bis hin zu Titeln für erfahrenere Leser.

Schritt für Schritt nimmt in den Stufen der Textanteil zu und der Bildanteil ab, wird die Schriftgröße kleiner. Entsprechend nimmt die Textmenge pro Seite zu und die Geschichten werden in sich komplexer und anspruchsvoller. Die Stufen sind also angepasst an das jeweilige Lesevermögen der Kinder, um die »unterschiedlich entwickelten Kinder dort abzuholen, wo sie sind« (Conrady).

Einfallsreiche Umsetzungen der formalen Vorgaben

Auch wenn die formalen Vorgaben die Bücher in den einzelnen Stufen eint, gibt es inhaltlich eine breite Auswahl an unterschiedlichen Ansätzen. So lässt sich etwa auch das Vorlesen,

Angeber vom Hals halten konnte.Leon putzte seine Zähne sehr gründlich. Anschließend wusch er sich das Gesicht, den Hals und die Achseln. Die anderen Jungen feixten und knufften einander und verließen nach und nach den Waschraum.

Nun war Leon allein.
Verwundert sah er zur Tür.
Wo Nico und Mesut wohl blieben? –
Und die anderen Jungen aus seinem Zelt!
Plötzlich hatte er es sehr eilig.
Hastig verstaute er
sein Zahnputzzeug im Beutel
und warf sich das Handtuch
über die Schulter.
Irgendwas musste passiert sein!

Gemeinsam lesen bringt Spaß und Erfolgserlebnisse, hier mit »Leons Abenteuer im Ferienlager« von Patricia Schröder.

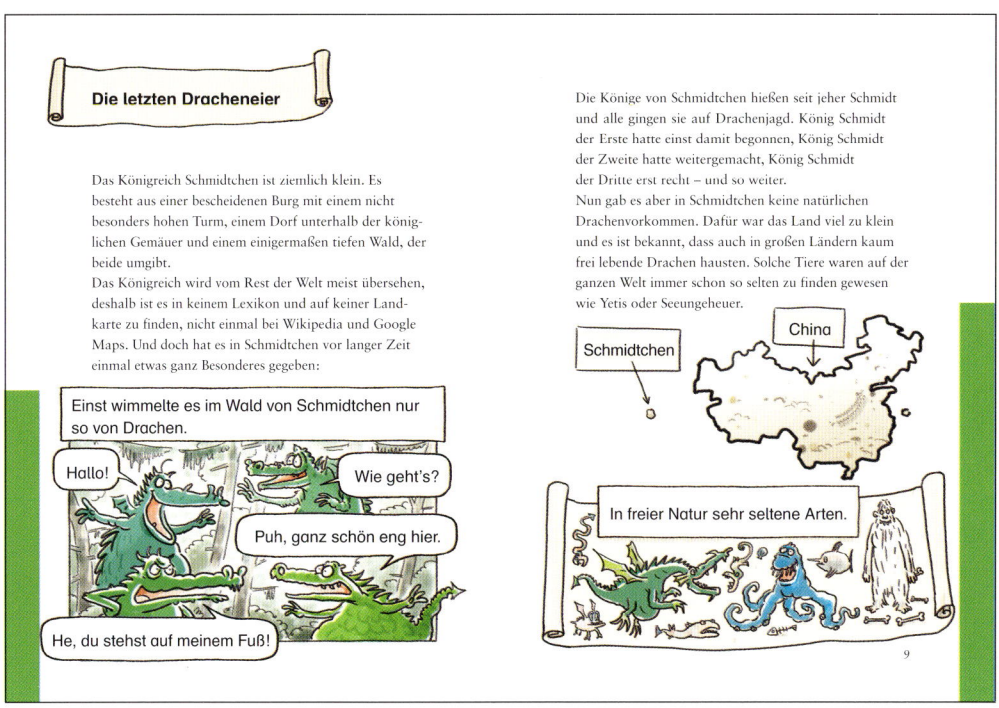

Mit Comics Lesen lernen: »Drache Schulze und der oberfiese König Schmidt« von Martin Klein.

das die Kinder aus dem Kindergarten- und Vorschulalter kennen und lieben, mit dem eigenständigen Lesen verbinden: Eine aktuelle und erfolgreiche Variante ist das Prinzip des »Erst ich ein Stück, dann du«, entwickelt im Verlag Random House: Ein erfahrener Mitleser und ein Leseanfänger lesen gemeinsam ein Buch. Entsprechend unterschiedlich sind die einzelnen Seiten aufgebaut: Sehr kurze Sätze, große Schrift und knappe Sinneinheiten für den Anfänger; mehr Text, weniger Illustrationen, komplexere Zusammenhänge für den erfahrenen Mitleser. Beide Formen wechseln innerhalb des Buches entsprechend häufig ab, sodass sich daraus ein guter Vorlesefluss entwickeln kann und der junge Leser nicht überfordert ist. Ein Vorteil dieser dualen

Erzählweise liegt in der Möglichkeit, dass Autoren vielschichtigere Geschichten umsetzen können. Die Verständnishilfe in Form eines Erwachsenen sitzt ja immer mit dabei, gibt dem Kind Sicherheit und kann helfen, falls nötig. Vergleichbare Reihen in anderen Verlagen heißen »Wir lesen zusammen« bei Arena, »Zu zweit leichter lesen lernen« bei Carlsen und »Ich für dich, du für mich« bei Loewe.

Eine Variante der gemeinsamen Lesesituation sind Bücher wie »Lesen lernen mit Comics« (Leserabe, Ravensburger). Die beiden unterschiedlichen Leseniveaus werden hier in Fließtext und in den comichaften Illustrationen mit Sprechblasen und kurzen Bildunterschriften getrennt. Das bietet die Möglichkeit, in direkter Rede zu erzählen – eine für Leseanfänger ansonsten schwierige Erzählform.

Zweifarbig gesetzte Wortsilben: So erfassen Leseanfänger schnell die einzelnen Wörter in Knisters »Hexe Lilli zaubert Hausaufgaben«.

Eine weitere Lese- und auch Schreibhilfe bietet die sogenannte Mildenberger Silbenmethode. Alle Silben sind farblich unterschieden. Das bietet Orientierung beim Lesen und unterstützt die Wahrnehmung von Wortbestandteilen und damit die Erfassung des Wortsinns. Bücher, die nach dieser Methode aufgebaut sind, finden sich bei Arena, bei Carlsen, Ravensburger und beim Loewe Verlag.

Ein andere Form, um Kindern in einer bestimmten Lernphase das Lesen zu erleichtern, sind Lesetexte in der vereinfachten Ausgangsschrift. Wo in Schulen Wert auf diese Form des Schreibschrifterwerbs gelegt wird, bieten Verlage wie Carlsen (in der Reihe Lesemaus) ein entsprechendes Angebot zum Lesenlernen an.

Lesen
Lesen

Die vereinfachte Ausgangsschrift: Sie soll leicht zu lernen sein und einen logischen wie motorisch einfachen Schreibfluss ermöglichen.

Da das Leseinteresse von Kindern häufig auch themengeleitet ist, lassen sich schon Leseanfänger durch informative Sachtexte begeistern – von der heimischen Tierwelt über Dinosaurier bis hin zu historischen Themen über die alten Römer. Verlage wie Arena, DK oder Carlsen bieten hier ein breites Angebot an.

Eine weitere Besonderheit sind Kinderbuchklassiker in alters- und lesefähigkeitsgerechten Nacherzählungen. Von Winnetou bis zum Zauberer von Oz sind hier viele Stoffe in kurzer Form erhältlich.

Neben diesen inhaltlichen Unterschieden lassen sich die Verlage auch in der Ausstattung der Bücher jede Menge einfallen, um Lust aufs Lesen zu machen und Erfolgserlebnisse zu schaffen. In vielen Reihen sind Leserätsel zum Textverständnis im Text oder am Ende des Buches untergebracht. Beigefügte Sticker oder Lesezeichen helfen bei der Beschäftigung mit dem Buch. Und eine an einem Lesebändchen angebrachte Figur wie der Bücherbär ist ein netter Hingucker.

Jedes Kind liest anders

Eines darf man dabei nicht vergessen: Die Unterschiede mitsamt der Einteilung in Stufen sind nur ein Mittel zur Orientierung, um aus dem breiten Angebot die passenden Bücher für das jeweilige Kind zu finden. Sie erleichtern den Buchhändlern, die Bücher entsprechend einzusortieren, und sie sind ein erster sichtbarer Hinweis für die Käufer. Auch wenn sich die Lesestufen an Schulklassen oder dem Alter der Kinder orientieren: Wenn Sie die richtigen Bücher für Ihr Kind finden wollen, ist die individuelle Lesefähigkeit viel wichtiger. Wer schon früh mit Buchstaben umgehen kann und sich schneller durch die Stufen des Leseerwerbs gearbeitet hat, der fühlt sich früher von längeren Geschichten angesprochen und kommt auch leichter mit kleinen Schriftgrößen und mehr Text klar. Wer dagegen ein wenig länger braucht, der darf auch in der zweiten Klasse noch Bücher aus der ersten Lesestufe lesen. Erlaubt ist, was gefällt und was passt. Die Kinder selbst sind da die besten Seismografen. Und wenn es nicht gefällt, gilt zu unterscheiden, ob die auftretende Leseunlust am Thema liegt, an der Sprache oder den Illustrationen oder ob das Lesen des Buches an sich als zu mühsam empfunden wird. Wer sich mühevoll durch längere Texte kämpfen muss und dabei die Inhalte nicht erschließen kann, ist verständlicherweise enttäuscht.

Orientierung im Dschungel der Neuerscheinungen

Natürlich können Erwachsene nicht jedes Buch vorkosten und selbst lesen, bevor es in Kinderhände wandert. Doch je mehr Sie sich mit den Büchern beschäftigen, umso mehr schärft sich

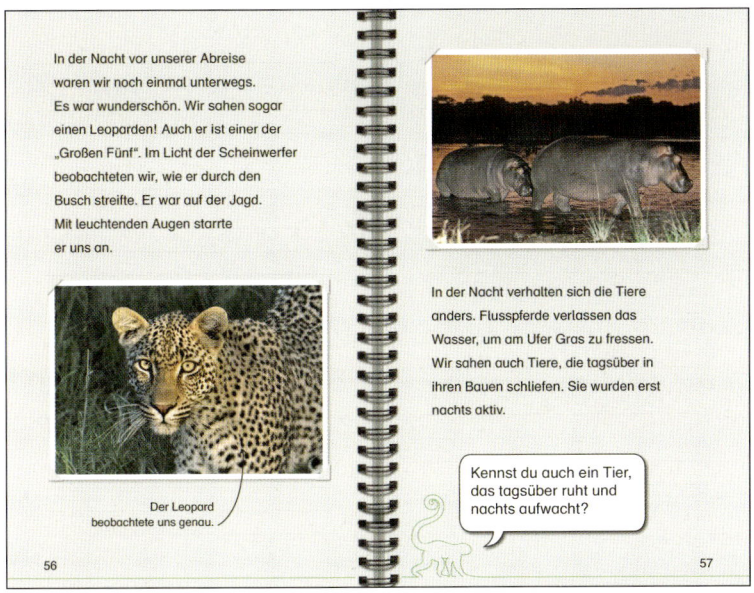

In der Nacht vor unserer Abreise waren wir noch einmal unterwegs. Es war wunderschön. Wir sahen sogar einen Leoparden! Auch er ist einer der „Großen Fünf". Im Licht der Scheinwerfer beobachteten wir, wie er durch den Busch streifte. Er war auf der Jagd. Mit leuchtenden Augen starrte er uns an.

Der Leopard beobachtete uns genau.

In der Nacht verhalten sich die Tiere anders. Flusspferde verlassen das Wasser, um am Ufer Gras zu fressen. Wir sahen auch Tiere, die tagsüber in ihren Bauen schliefen. Sie wurden erst nachts aktiv.

Kennst du auch ein Tier, das tagsüber ruht und nachts aufwacht?

56

57

Das Interesse für die Sache motiviert zum Lesen: Hier sind es wilde Tiere in »Annas Safari-Tagebuch«.

Ihr Blick dafür, was bei Ihrem Kind ankommt. Im Idealfall unterstützt eine kompetente Buchhändlerin, berät ein Bibliothekar oder gibt es Tipps von anderen Eltern, Freunden und Klassenkameraden. Buchempfehlungen finden sich zudem in Magazinen wie »Eltern« und »Familie & Co.«. Alle vier Wochen empfiehlt der Bibliotheksverband Borromäusverein das »Erstlesebuch des Monats« (www.borromaeusverein.de/auslese/ausgezeichnete-buecher/). Der »Leipziger Lesekompass« zeichnet gelungene Neuerscheinungen aus (www.leipziger-buchmesse.de/Fokus-Bildung/Programm/Leipziger-Lesekompass/) und jährlich wird der Preuschhof-Preis für Kinderliteratur für das beste Kinderbuch aus dem Erstleserbereich vergeben. Dort lohnt sich auch der Blick auf die Nominierungsliste, die ebenfalls von der Fachjury zusammengestellt wird (www.preuschhof-stiftung.de). Oder Sie stöbern einfach in der Empfehlungsliste im Anhang dieses Buches (S. 132 ff.).

Die Lesestufen der Erstlesebücher im Einzelnen

Die Lesestufen des Arena Verlags standen Pate für viele andere Verlage, die in der Folgezeit ebenfalls Erstlesebücher anboten und sich mit ihren aufsteigenden Treppen- oder Leiter-Systemen daran anlehnten. An der grundlegenden Idee hat sich bis heute wenig geändert, es sind jedoch immer wieder gestalterische und inhaltliche Varianten hinzugekommen.

Das aktuelle Stufenmodell vieler Verlage umfasst drei Schritte und beginnt schon im Vorschulbereich und beim allerersten Lesen.

Bücher für das erste Lesealter

In der ersten Leselernstufe ab 5/6 Jahren stehen Bilder im Vordergrund und einfache, kurze Textabschnitte mit wenigen Wörtern und extragroßer Fibelschrift. Vor dem Schulanfang sind Bücher beliebt, in denen eingefügte kleine Bildchen einzelne Wörter im Text ersetzen: Ein Erwachsener liest vor, das Kind nennt an der entsprechenden Stelle das Wort. So erfährt es schon vor dem eigentlichen Lesenlernen, dass man eine Seite von oben nach unten und die Zeilen von links nach rechts liest.

Vignetten zeigen in »Nitro und die Monstertrucks« von Katharina Wieker, worum es geht: Beim Vorlesen kann das Vorschulkind mithelfen und an der richtigen Stelle im Satz das Bild benennen.

Bücher für das zweite Lesealter

In der zweiten Leselernstufe ab 6/7 Jahren wird ganz aufs Selberlesen gesetzt. Die Texte sind klar strukturiert und folgen alle ähnlichen formalen Rahmenbedingungen: Grundlage ist eine große Fibelschrift (beim Arena Verlag zum Beispiel in der Größe 17 Punkt), die mit großem Zeilenabstand gesetzt ist. Es steht eine begrenzte Textmenge auf den Seiten zur Verfügung (bei Arena maximal 18 Zeilen mit maximal fünf bis sechs Wörtern pro Zeile). Auf Nebensätze wird verzichtet. 50 Prozent Text stehen 50 Prozent Bild gegenüber. Der Text ist zeilen- und seitenweise in Sinnabschnitte gegliedert und in linksbündigem Flattersatz gesetzt (siehe auch S. 53). Es gibt durchgängige Geschichten mit einzelnen Kapiteln oder verschiedene kurze Geschichten auf insgesamt maximal 50 Seiten.

Spuken nicht erlaubt!

Die kleine Sofie ist das jüngste
Gespenster-Kind der Familie.
Und heute ist ihr Geburtstag.
Hurra!
Sofies Mama zündet gerade
die vielen Kerzen auf
der leckeren Spinnenbein-Torte an.

„Jetzt bist du schon 222 Jahre alt,
mein Schatz!", sagt sie stolz.
„Meine Güte,
wie die Zeit vergeht!"
Sofie schwebt aufgeregt
von einem Bein auf das andere.
„Darf ich jetzt endlich zusammen
mit Willi und Zwiebel
spuken gehen?", ruft sie.
Willi und Zwiebel sind
ihre großen Brüder.
Aber Papa schüttelt den Kopf.

10   11

Diese Menge an Text pro Seite, gegliedert in Sinnschritte und in großer Fibelschrift gesetzt, kann ein Leseanfänger gut bewältigen: »Lustige Gespenstergeschichten« von Jana Frey.

Schnell ruft König Karl
seine mutigsten Ritter zusammen:
Kunibert den Kühnen,
Tristan den Tapferen und
Fritz den fast Furchtlosen.
„Erlegt den Drachen!",
donnert der König.
„Und bringt meine Edelsteine zurück!"
Drei Köpfe nicken ehrfürchtig.
Sechs Beine stürmen los.

Aus der Waffenkammer
besorgen sich die Ritter
scharfe Schwerter und spitze Dolche.
Fritz nimmt sich außerdem
eine Axt, einen Säbel
und zwei doppelt geschliffene Degen.
„Mit wütenden Drachen
ist nicht zu spaßen", stammelt er.
Dann legen die Ritter
ihre Kettenhemden und
ihre eisernen Rüstungen an.

Profifrage 2

Was stimmt?

Säbel

Dolch

Axt

Mehr Text für fortgeschrittene Leser in der »Drachenjagd für Anfänger« von Sabine Stehr

Bücher für das dritte Lesealter

In der dritten Stufe ab ca. 7/8 Jahren haben die Bücher einen größeren Umfang, werden die durchgängigen Geschichten wie auch die einzelnen Sätze in gleichem Maße länger. Die Anzahl der Zeilen und die Zeilenlänge nehmen zu, was eine Verringerung von Schriftgröße und Zeilenabstand zur Folge hat. Der Bildanteil nimmt ab. Solche Angebote setzen auf das große Erfolgserlebnis nach dem selbstständigen Lesen eines ganzen Buchs. Bei den Erstlesebüchern des Duden-Verlags etwa liegt in der dritten Stufe ein Text-Bild-Verhältnis von 30 Prozent zu 70 Prozent vor. Andere Verlage setzen ihre Stufenmodelle auch für ältere Kinder fort. Die Einordnung erfolgt entweder über die Nennung der empfohlenen Klassenstufe auf dem Cover oder einer Altersangabe – meist in Verbindung mit kindgerecht klingenden Reihennamen wie »Lesemaus«, »Büchersterne« oder »Leserabe«.

Erstlesereihen im Überblick

Verlag	Reihe	1. Lesealter	2. Lesealter	3. Lesealter
Arena	Der Bücherbär	Vorschule / 1. Klasse: ○ Mein LeseBilderbuch ○ Mein Abc-Lesestart ○ Wir lesen zusammen ○ Allererstes Lesen ○ Sachwissen für Erstleser	1. Klasse: ○ Kleine Geschichten ○ Eine Geschichte für Erstleser ○ Hexe Lilli für Erstleser	2. Klasse: ○ Kurze Geschichten ○ Klassiker für Erstleser
Carlsen	Lesemaus zum Lesenlernen	Lesestufe 1	Lesestufe 2	Lesestufe 3
cbj	Erst ich ein Stück, ... Schau mal, ...	○ Erst ich ein Stück, dann du ○ Schau mal, wer da spricht	—	
Dix	Dix LitLe – Literatur für Lesestarter	ab 5 Jahren – zum Vorlesen ab 7 Jahren – zum Selberlesen		
DK	Superleser!	1. Lesestufe	2. Lesestufe	3. Lesestufe
Duden	Lesedetektive; Leseprofi	Lesedetektive: Vorlesegeschichten, Leseanfang Leseprofi: Leseanfang	Lesedetektive: 1. Klasse Leseprofi: 1. Klasse	Lesedetektive: 2. Klasse, 3. Klasse Leseprofi: 2. Klasse
Freies Geistesleben	Jonas Weg ins Lesen	5 Bücher in 5 Etappen		
G & G	Lesezug	—	1. Klasse	2. Klasse Willst du es wissen? Profi
Gondolino	Schmökerbären Lesebilder Lesespaß	○ Schmökerbären: 1. Lesestufe ○ Lesebilder	○ Schmökerbären: 2. Lesestufe	○ Schmökerbären: 3. Lesestufe ○ Lesespaß Ratekrimis ○ Schlaufuchs Lesespaß
Loewe	Leselöwen	○ Bildermaus (empfohlen bis zur 1. Klasse) ○ Ich für dich, du für mich (empfohlen für die 1. Klasse)	○ Lesetiger (empfohlen für die 1./2. Klasse)	○ Lesepiraten (empfohlen für die 2. Klasse)
Obelisk	Die österreichische Kinderbibliothek	—	ab 1. Schulstufe ab 2. Schulstufe	ab 3. Schulstufe ab 4. Schulstufe
	Der leseleichte Lesespaß	Bildgeschichten Lesespaß Der Brummel-Schlump Lesespaß (beide empfohlen ab 6 Jahren)	Der Kater Romeo Lesespaß Kindergeschichten Lesespaß Sachgeschichten Lesespaß (empfohlen ab 7 Jahren)	Der Kater Konstantin Lesespaß (empfohlen ab 8 Jahren) Sagenhafter Lesespaß/Krimi Lesespaß (empfohlen ab 9 Jahren)
Oetinger	Büchersterne	1. Klasse	1./2. Klasse	2./3. Klasse
Ravensburger	Leserabe	1. Lesestufe ab 1. Klasse	2. Lesestufe ab 2. Klasse	3. Lesestufe ab 3. Klasse
Egmont Schneiderbuch	2 lesen 1 Buch	—	2 Lesen 1 Buch	—
Tulipan	Tulipan ABC	A (empfohlen ab 6 Jahren)	B (empfohlen ab 7 Jahren)	C (empfohlen ab 8 Jahren)
Ueberreuter	Leseforscher ABC	A (empfohlen ab 6 Jahren)	B (empfohlen ab 7 Jahren)	C (empfohlen ab 8 Jahren)

Ein Blick hinter die Kulissen

Wie ein Erstlesebuch entsteht

Die kleine Form bedeutet harte Arbeit: Bis ein Erstlesebuch im Regal steht, müssen viele Berufsgruppen eng zusammenarbeiten. Das Team des Arena Verlags hat sich bei »Milla im magischen Garten« über die Schulter schauen lassen.

Woher kommt die Grundidee? In diesem Fall vom Verlag – die Geschichte soll von einer Vermittlungsagentur für magische Tiere handeln. Programmleiterin Isa-Maria Röhrig-Roth sucht schon nach einer geeigneten Autorin …

Bereit für den ersten Textentwurf: Autorin Alice Pantermüller entwickelt Figuren, Schauplätze und den zentralen Konflikt – und arbeitet den Fließtext aus.

Redigieren für Erstleser: Die Lektorin gibt das Feedback für die inhaltliche Überarbeitung des Manuskripts und sorgt dafür, dass Wortwahl und Satzbau stimmen (siehe Kasten n. S.).

Etappenziel Textfahne: Der Hersteller verwendet später eine leicht lesbare Schrift und lässt Platz für Illustrationen.

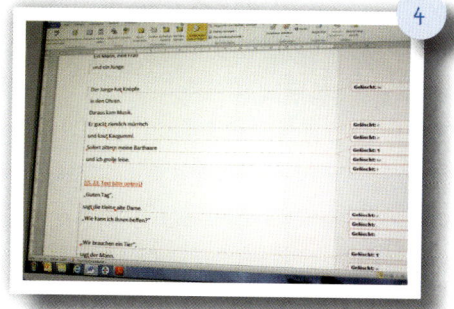

Und wie entstehen jetzt die passenden Bilder? Illustratorin Daniela Kohl zeichnet, gemäß den Vorgaben der Lektorin, erste Skizzen in die Textfahne. Dabei berücksichtigt sie auch zielgruppenabhängige Kriterien (siehe Kasten n. S.).

Zusammenführung von Text und Illustration: Auch verlagsintern gilt es, jedes Detail abzustimmen.

Gesamtausrichtung: Verlagsleiter Albrecht Oldenbourg weiß, wie wichtig – und aufwändig – es ist, bei jedem einzelnen Erstlesebuch die notwendige Symbiose von Text und Bild zu schaffen.

Optimierung des Gesamtlayouts: Im Lektorat fällt auf, dass Titelfigur Milla besser rechts statt links neben dem eingerückten Text stehen sollte, um nicht von ihm abzulenken und den Lesefluss nicht zu erschweren.

Alles am richtigen Platz? Die Illustratorin hat Milla wunschgemäß weiter nach rechts, neben die Büsche, wandern lassen und der Text ist nun linksbündig formatiert. Aber es geht noch besser …

Bahn frei für die Reinzeichnung? Milla ist nun auch noch mit der großflächigen Illustration verankert. Wenn dann alle Bilder perfekt zum Textverständnis beitragen, kommt das Finale für Illustratorin Daniela Kohl.

Welches Cover überzeugt? Das Arena-Team diskutiert gemeinsam die Motivvorschläge der Illustratorin.

Feinschliff am Cover: Wenn der Titel »Milla im magischen Garten« lauten soll, darf der Rasen sehr grün sein und ein Einhorn kann auch nicht schaden …

Ein kurzes Video zur Entstehung dieses Erstlesebuchs finden Sie auch unter: http://boersenblatt.net/814352.

14

Druckreif: Grafikerin Stefanie Brüssel hat sich darum gekümmert, dass das Buch die Käufer auch äußerlich in allen Details überzeugen wird.

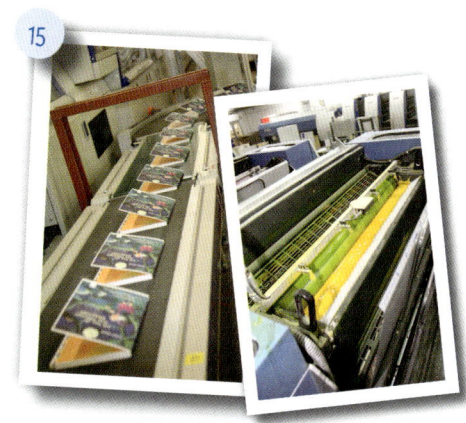

15

Startklar für die Auslieferung: Die Druckerei sorgt dafür, dass die geplante Auflage als gebundenes Buch zum gewünschten Termin in den Buchhandel geliefert werden kann.

Kriterien für die Illustration von Erstlesebüchern

- ❯ Beachten klassischer Prinzipien: Goldener Schnitt, Gleichgewicht etc.
- ❯ Klarer Seitenaufbau: Illustrationen dürfen den Lesefluss nicht unterbrechen, sollen zum Weiterlesen animieren
- ❯ Rhythmus beim Einsatz von ganz- und halbseitigen Illustrationen sowie kleineren Vignetten
- ❯ Neugierde wecken durch Motive, die über den Textinhalt hinausgehen

Textkonventionen bei Erstlesetiteln

- ❯ Kürzen des Gesamttextes auf das Wesentliche (max. 12 000 Zeichen)
- ❯ Umbrechen der Zeilen (max. 32 Zeichen) in Sinnabschnitte
- ❯ Hinzufügen eines Begleitsatzes bei wörtlicher Rede
- ❯ Verändern der Zeit in Präsens
- ❯ Textumbruch mit ausreichend Platz für 40 bis 60 Illustrationen
- ❯ Erarbeiten von Leseverständnisfragen oder eines Leserquiz
- ❯ Anpassen von Wortwahl und Satzbau
- ❯ Verwenden einer leicht lesbaren Schrift

Lies es noch einmal, Sven!

Was sollte ein Kind am Ende der zweiten Klasse können?

Die erste Hürde ist genommen, die großen Ferien am Ende der ersten Klasse wecken grenzenlose Freiheitsgefühle. Doch je näher dann der Schulbeginn rückt, desto häufiger stellt sich bei den Eltern ein mulmiges Gefühl ein: Fängt nun der »Ernst des Lesens« an? Wird die zweite Klasse zur Belastungsprobe der Leselaufbahn meines Kindes – und kann es die sicher jetzt sprunghaft steigenden Erwartungen der Lehrer erfüllen?

Wer sich mit Grundschullehrkräften über diese Sorgen unterhält, kann beruhigt aufatmen: »Jetzt fängt der Lesespaß doch erst richtig an«, erhält man als Antwort oder auch: »Die Leseentwicklung geht natürlich weiter, allerdings in kleinen, kindgerechten Schritten.« Aus den vielfältigen motivierenden Antworten lassen sich vor allem drei Leseförderungstipps für Zweitklässler-Eltern ableiten. Erstens: Nehmen Sie selbst das Thema Lesen weiterhin ernst. Zweitens: Suchen Sie gemeinsam mit dem Kind Buchinhalte aus, die für das Kind wichtig und spannend sind. Drittens: Bewahren Sie sich gleichzeitig gegenüber Ihrem Kind eine gewisse Leichtigkeit, damit die Motivation erhalten bleibt. Das bedeutet, wie so oft in der Kindererziehung: Die richtige Balance ist gefragt.

Wie können Eltern und wichtige Bezugspersonen von Zweitklässlern diese Balance finden? Zum Beispiel, indem man (zumindest grob) einzuschätzen weiß, wie die Schritte der Leseentwicklung in der Schule jetzt weiterverlaufen. Das gibt Sicherheit. Ebenso hilfreich ist ein Überblick über die Möglichkeiten, als Mutter oder Vater diese Entwicklung zu unterstützen. Denn wer das Gefühl hat, etwas tun zu können, wird gelassener. Dabei brauchen Sie sich nicht verpflichtet zu fühlen, *alle* Möglichkeiten zu nutzen. Wählen Sie diejenigen aus, die dem Kind und nicht zuletzt auch Ihnen selbst guttun. Wie – Spaß statt büffeln? Ja, denn die Lehrpläne fast aller Bundesländer weisen amtlich darauf hin: **Lesefreude** ist ein ebenso bedeutsames pädagogisches Ziel wie die Lesefähigkeit. Lesefreude weckt aber nur, wer selbst Freude am Lesen vermittelt und nicht die Haltung des »Einpeitschers« einnimmt nach dem Motto »Da müssen mein Kind und ich jetzt durch«. Viele Kinder spüren eine solche Einstellung. Und werden dann – nicht zu Unrecht – bockig.

Wie Lesekompetenz gemessen wird

Lesen lernen in der zweiten Klasse: Das ist trotz steigender Anforderungen immer noch häufig im besten Sinne des Wortes ein Kinderspiel. Die pädagogischen Vorgaben sind meist noch nicht so standardisiert wie in der dritten Klasse. Dann erst wird bundesweit der VERA-Test durchgeführt, der ganz genau Teilkompetenzen des Lesens abprüft – das Wort bedeutet übrigens nichts anderes als VERgleichsArbeit. Beim genaueren Betrachten eines der fröhlich gestalteten Lesebücher von Zweitklässlern stellt man fest: In der zweiten Klasse werden bereits systematisch Lesestrategien und Teilkompetenzen von Lesefähigkeit trainiert. Im Grunde finden sich bereits hier Aufgabenformate, die sich wie ein roter Faden durch die Schullaufbahn bis hin zum Abitur hindurchziehen. Auch wenn die Aufgaben selbst natürlich immer anspruchsvoller werden.

Wer sich mit Lesekompetenz-Messungen beschäftigt, kommt sich ein wenig so vor, als hätte er eine mechanische Uhr aufgeschraubt; die Tests nehmen die einzelnen Aspekte unter die Lupe, die beim gelingenden Lesen reibungslos ineinander greifen: Wie genau entnimmt ein Leser Informationen, wie souverän gibt er Inhalte in eigenen Worten wieder; und kann er das Gelesene mit der eigenen Erfahrungswelt in Verbindung bringen sowie sich ein nachvollziehbares Urteil bilden? Diese Fähigkeiten zählen zu den oben erwähnten Teilkompetenzen.

Wie sieht das Training der Fähigkeiten fürs Lesen aus?

Die Rüsselsheimer Grundschullehrerin Katja Franke, die sich in besonderer Weise im Bereich Leseförderung engagiert und etwa auf Schulamtsebene Leseforen organisiert, gewährt einen Einblick in den Leseförderungsalltag einer zweiten Klasse: »Immer häufiger lesen wir jetzt nicht einfach, sondern beantworten Verständnisaufgaben zu Texten«, erklärt sie. Dabei werden speziell das Verstehen der Fragen und das Markieren von Informationen geübt. Verständnisfragen und Textmarkierungen funktionieren beim Lesen ähnlich wie Steighilfen beim Klettern auf einen Berg: Sie helfen dabei, Texte besser zu erfassen. Für die Lese- und Schreibkompetenz wird mehr trainiert als das reine Erlesen, Verstehen oder Notieren einzelner Wörter und Sätze. Alle Erfahrungen, die Kinder rund um die Buch-, Erzähl-, Bild- und Schriftkultur machen, verbinden sich letztlich zu einem komplexen

Erfahrungsschatz. Die Fähigkeit, sich in dieser Kultur mühelos zu bewegen, bezeichnet man deshalb übergreifender mit dem Begriff »Literacy«. Letztlich handelt es sich um einen sehr komplexen Prozess, in dem eine Kultur mithilfe von sozialen, kognitiven und sprachlichen Fähigkeiten verstanden wird.

Bei der Entwicklung dieser Fähigkeiten kann es aus verschiedenen Gründen zu Verzögerungen kommen. Für einen Laien sind die Unterschiede zu den alltäglichen Hindernissen und Herausforderungen beim Abenteuer des Lesenlernens nicht erkennbar. Deswegen führt bei einem Verdacht auf ernste Leseschwierigkeiten kein Weg an einer professionellen Diagnose und Beratung vorbei. Ernste Leseschwierigkeiten bezeichnet man häufig als Legasthenie (das Wort bedeutet »Leseschwäche«) beziehungsweise LRS (»Lese-Rechtschreib-Schwierigkeit«, hier gibt es auch andere, ähnlich klingende Formulierungen wie Lese-Rechtschreib-Schwäche). Der Bundesverband Legasthenie und Dyskalkulie e. V. ist hier ein wichtiger Ansprechpartner. Er bietet eine bundesweite telefonische Beratung für Eltern, Betroffene und Lehrer an. Unter www. bvl-legasthenie.de finden sich zudem hilfreiche Informationen zum Download. Der Verband nennt einige allgemeine Anhaltspunkte für Eltern: Besonders große Schwierigkeiten beim Lesenlernen, unsicheres Lesen auch in höheren Klassen – oder auch eine deutlich unter dem Durchschnitt liegende Rechtschreibfähigkeit können auf ein entsprechendes Problem hinweisen. Es gibt dem Verband zufolge auch eine ganze Reihe konkreter Auffälligkeiten, etwa wenn das Kind Buchstaben nicht oder nur sehr stockend zu Wörtern zusammenzieht. Oder wenn es besonders häufig ähnliche Wörter und Buchstaben verwechselt.

Wenn Sie den Eindruck haben, dass Ihr Kind entsprechende Probleme hat – und sehr vielen Eltern geht es so –, sollte eine solche Vermutung weder auf die leichte Schulter genommen werden noch Anlass zur Panik bedeuten. Sie sollten in jedem Fall Fachleute aufsuchen, denn die Schwierigkeiten werden nicht von selbst verschwinden. Wer kann helfen? Zum Beispiel Schulpsychologen, Kinder- und Jugendpsychiater oder Fachkräfte von Erziehungsberatungsstellen; hier gibt es mittlerweile ein engmaschiges Netzwerk mit vielen Anlaufpunkten. Dort kann die Vermutung durch spezielle Tests überprüft werden und auf dieser Grundlage eine Therapie erfolgen.

Ein Stichwort, das in Elternkreisen im Zusammenhang mit Lese- und Schreibschwierigkeiten immer wieder fällt, lautet »Kreuzdominanz«: Manche Experten gehen davon aus, dass ein Kind sich beim Lesen und Schreiben möglicherweise schwertut, weil die Seitigkeit des Auges nicht mit der Seitigkeit der Hand übereinstimmt. Die meisten Menschen haben eine stärkere Seite, entweder die rechte oder die linke. Wenn aber das linke Auge eines Rechtshänders dominant ist oder das rechte Auge eines Linkshänders, spricht man von Kreuzdominanz – die starken Seiten überkreuzen sich. Dann könnte es zu Schwierigkeiten führen, den Regeln unserer Schreib- und Lesekultur, die auf eine bestimmte Richtung, nämlich von links nach rechts festgelegt ist, zu folgen. Suchen Sie neben dem Rat der Experten darüber hinaus immer wieder das Gespräch mit den Lehrern; Schulen können LRS-Kinder in vielfältiger Weise unterstützen. Auch moderne pädagogische Materialien bieten in bestimmten Fällen eine sinnvolle Unterstützung.

Warum Leseanfänger uns vorlesen sollten

Eine große Herausforderung im Unterricht sind die Leistungsunterschiede bei den Kindern. Daher ist es wichtig, mit differenzierten Texten zu arbeiten. Dies sind Texte, die Kinder auf mehreren Fähigkeitsstufen ansprechen: Sie fordern die flüssiger lesenden Schüler auf anregende Weise heraus, berücksichtigen aber gleichermaßen die noch nicht so guten Leser. Hier spielen Illustrationen eine große Rolle: Gerade die Kinder, die noch nicht so fit im Lesen sind, erschließen sich die Inhalte über Illustrationen. Bilder sind von zentraler Bedeutung in der Leseerziehung der zweiten Klasse – und alles andere als »Babykram«.

Auch eine andere Methode, die leider häufig mit einem Vorschul-Image verbunden ist, nutzen in der zweiten Klasse viele Lehrer: das Vorlesen. Katja Franke nennt vorlesen »das Sahnehäubchen im Unterricht«, das für die Kinder ein wunderbares Erlebnis sei. Der große Vorteil: Texte, die man Kindern vorliest, sind anspruchsvoller, aber gerade daher auch oft spannender als der Selbstlesestoff der Kinder.

»Lesen Sie weiterhin vor«, lautet daher ein häufiger Ratschlag von Grundschullehrkräften für Eltern und Bezugspersonen, die ihr Zweitklässler-Kind unterstützen möchten. Stellen Sie außerdem zwischendurch Fragen, die Ihr Kind zum Nachdenken über das Gelesene motivieren. Nicht als Prüfung, sondern als Gesprächsangebot: »Wie findest du das, was da gerade passiert?«, zum Beispiel. Damit nutzen Sie einen pädagogischen Effekt, den eine Studie der Stiftung Lesen hervorgehoben hat: Viele Eltern bestätigen, dass das Vorlesen über die Geschichten hinaus weitere Gespräche anstößt. Das abendliche Vorlesen zu Hause kann also dabei helfen, das zu verarbeiten, was Ihr Kind morgens im Unterricht oder auf dem Pausenhof erlebt hat. Und es so für den Schulbesuch am nächsten Morgen stärken.

Eine weitere Anregung lautet: Ermutigen Sie Ihr Kind, selbst als Vorleser aktiv zu werden: Wechseln Sie die Rollen, hören Sie zu, wie es stockend, aber mindestens ebenso stolz einen Text vorliest. Und fragen Sie es anschließend, welche Vorlesetricks es schon entwickelt hat, zum Beispiel an bestimmten Stellen eine dramatische Pause zu machen. So ein Vorlesegespräch auf Augenhöhe macht nicht nur Spaß, sondern gibt Ihnen auch Einblicke in die Lernentwicklung Ihres Kindes: »Manchmal glaube ich, dass ich schon super lesen kann«, verrät etwa der siebenjährige Jakob. »Aber dann kommt ein langes Wort wie ›Einkaufszentrum‹. Und dann denke ich, dass ich gar nicht mehr lesen kann.« Sein Tipp: »So ein Wort lese ich dann ganz oft. Und irgendwann ist es nicht mehr schwer.« Für Eltern, die nicht immer als Vorlesepublikum zur Verfügung stehen können, gibt es bewährte Tipps: Schlagen Sie Ihrem Kind vor, dass es seine Teddybären aufbauen und einfach einmal den Teddys vorlesen soll. Das macht erwiesenermaßen vielen Kinder Spaß und motiviert sie.

Kinder verwandeln sich in Leser

Welcher Lesestoff motiviert Zweitklässler? In diesem Ratgeber finden sich dazu ab Seite 103 und im Anhang viele Hinweise. Gestandene Lehrkräfte betonen außerdem, dass nicht nur »pädagogisch Wertvolles« zum Lesenlernen geeignet ist, sondern auch das, was Ihr Kind »cool« findet. Etwa Comics oder Bücher zu Filmen. Auch hier gilt: Die richtige Balance ist entscheidend.

Wenn der Vater mit dem Sohne: Insbesondere Väter sollten sich Zeit zum Vorlesen nehmen – denn wenn es für den Papa nicht wichtig ist, warum dann für mich?

Eltern haben noch weitere Möglichkeiten, ihr Kind zu unterstützen: Sie können sich in der Schule als ehrenamtliche Vorleser engagieren oder die Schulbücherei als Betreuer unterstützen. Besonders nachhaltig ist der Vorbildeffekt, wenn sie ganz allgemein ein glaubwürdiges Lesevorbild im Familienalltag sind.

Bei all diesen Aktionsmöglichkeiten sollten Sie aber Folgendes nicht vergessen: Man kann Kinder beim Lesenlernen begleiten, sie aber nicht zu Lesern »machen«. Kinder verwandeln sich selbst in Leser – und dies tun sie in einem sehr individuellen Rhythmus: Bei manchen ist lesen eine »Liebe auf den zweiten Blick«. Oder sogar erst auf den dritten beziehungsweise vierten und die Kinder sind über Hilfestellungen froh. Andere wiederum haben das Buchstabenlernen bereits in der ersten Klasse mit Begeisterung absolviert und brauchen jetzt fast täglich neues Lesefutter.

Viele Lehrer versichern: Es besteht kein Anlass, bereits in der zweiten Klasse in Panik zu verfallen – im Glauben, dass das eigene Kind beim Lesen den Anschluss verpasst. Denn ihrer Erfahrung nach brauchen manche einfach etwas länger, was auch an fehlenden Vorerfahrungen (siehe erstes Kapitel) liegt, die nun im Entwicklungsprozess des Schriftspracherwerbs nachgeholt werden müssen. Da ist es wichtig, sie immer wieder geduldig zum Lesen zu motivieren. Ein Vergleich, den beispielsweise Katja Franke in diesem Zusammenhang als besonders hilfreich für Schüler erlebt hat, lautet: »Lesen ist wie bergsteigen. Nach einem manchmal mühevollen Aufstieg wird man mit unendlicher Weite und einer tollen Aussicht belohnt.«

Wie geht's weiter auf der Leseleiter?

Zweite Bücher für erste Leser

Juhu, Ihr Kind hat es geschafft! Es ist ein erfolgreicher »Erstleser« geworden und knabbert sich durch das Angebot an Erstlesetexten. Wenn aus dem Knabbern ein Verschlingen wird und innerhalb einer Woche alle Büchergutscheine von Ostern, Weihnachten und Geburtstag aufgebraucht sind oder die Arme durch die schweren mit Büchern gefüllten Stoffbeutel aus der Bibliothek immer länger werden, dann ist jetzt vielleicht der richtige Zeitpunkt, an dem Ihr Kind die Erstlesetexte hinter sich lassen sollte.

Wie wär's mit einer Serie, die Ihr Kind eventuell schon vom Vorlesen her kennt? »Der kleine Drache Kokosnuss« von Ingo Siegner (cbj), wurde mit einem Buchformat von 15,5 x 21 cm und großer Schrift ganz bewusst auf die Grundschule hin gestaltet. Im Buch begegnen dem Leser nur selten die maximalen 22 Zeilen pro Seite – meistens ist der Text auf der Seite durch Illustrationen oder eine Kapitelüberschrift unterbrochen. Hier werden Abenteuer und Wissensvermittlung zum jeweiligen Thema verquickt und das Kind kann sich mit dem kleinen Drachen zu den Wikingern, zum Nordpol oder in den Weltraum begeben. Und ist die Figur des kleinen Drachen vom Vorlesen schon positiv besetzt, nimmt Ihr Kind das Buch umso lieber zum Selberlesen in die Hand.

Leicht wird ihm das bestimmt auch mit den »Wanda«-Büchern von Dagmar Geisler fallen. In »Wandas erste Schulge-

»Schon, pfff«, brummt Knödel muffelig. »Mir tun schon die Flügel weh, sag ich euch. Da ist so ein Weltuntergang gar nichts dagegen!«

Bald überqueren sie die Bunten Buckel. Unter ihnen streicht der Wind über leuchtende Blumenwiesen. Nur kurze Zeit später fliegen sie in die Welt der Himmelskratzer hinein. Vor ihnen türmen sich mächtige Bergriesen. Weit unten liegen schattige Täler. Als die Sonne untergegangen ist, gibt Orakelchen das Zeichen zur Landung.

»Am besten, wir gehen das letzte Stück zu Fuß, damit der Donnergott uns nicht schon von Weitem sieht.«

In der Dunkelheit marschieren die vier Drachen und das Stachelschwein auf einem breiten Weg, bis sie einen kleinen Urwald erblicken. Dahinter erhebt sich der Tempel. Er erinnert an eine Pyra-

Große Schrift und nicht zu viele Zeilen: Zusammen mit den Illustrationen ergibt sich so eine gut gestaltete Buchseite in »Der kleine Drache Kokosnuss« von Ingo Siegner.

schichten« (dtv) behauptet Zweitklässlerin Wanda gleich am Anfang, dass sie jetzt schon alles schreiben kann. Sie ist fröhlich, aufgeweckt und erzählt mit ihrem ganz eigenen Charme aus dem kunterbunten Schulalltag. Geschichte und Zeichnungen kommen aus einer Hand. Der Text auf den 108 liebevoll gestalteten Seiten ist nach Sinneinheiten unterteilt, auf einer Seite finden sich maximal 20 Zeilen. Später kann der Leser mit Wanda sogar ein bisschen älter werden und zu komplexeren »Wanda«-Büchern übergehen.

Eine Figur, die sich schon sehr lange in diesem Bereich hält, ist »Millie« (Dressler). Seit mehr als 20 Jahren entführt sie ihre

Leser in verschiedene Regionen der Erde. In einem Band geht es beispielsweise an die Nordsee: Autorin Dagmar Chidolue zeichnet ein buntes Familienleben mit Mama, Papa und kleiner Schwester. Als Leser schnuppert man geradezu die Meeresbrise, erfährt etwas über Seehund und Heuler, was eine Hallig ist und weiteres Wissenswertes. Von der Schriftgröße und vom Umfang her wird der Leser hier schon einigermaßen gefordert. Die Seiten sind altersgerecht in Flattersatz gesetzt. Mit 25 Zeilen pro Seite, einer Zeilenlänge von knapp elf Zentimetern und einer Schriftgröße von nur zwölf Punkt sollte der Leser allerdings schon eine gewisse Geschwindigkeit erreicht haben. Ist die vorhanden, kommen junge Zweitleser bei 172 Seiten wunderbar auf ihre Kosten.

Text und Zeichnungen kommen bei »Wandas erste Schulgeschichten« aus einer Hand – Dagmar Geisler arbeitet mit grafischem Blick.

Lesefutter für Jungs

Für Jungs hat Dagmar Geisler die Comicromane rund um Louis erschaffen. Die »Chaos-Comics von Louis« (dtv) ziehen den Leser förmlich von Text zu Bild und weiter zur nächsten Textpassage. Rasant und komisch erzählt Geisler aus den verzwickten Situationen, die sich im Alltag von Louis und dessen Freund Vincent ergeben.

Besonders empfehlenswert für Jungs sind die Bücher um »Rocco Randale« von Alan MacDonald und David Roberts (Klett Kinder-

Zum leichten Lesen und zum Lachen: In Alan MacDonalds »Rocco Randale« kommt ihr Kind gut durch den Text.

sollte. Ich bat sie, dafür zu sorgen, dass mir Herr Konzelmann für diese Zeit freigab. Auf ihre Frage, ob ich doch weiterermitteln wolle, gab ich ihr nur ausweichende Antworten. Ich war mir meiner Sache zwar sicher. Aber zu viel zu verraten, bringt Unglück.

Während die anderen Kinder den Schauspielereingang benutzten, betrat ich das Theater durch den Haupteingang. Die Frau, die ich für Marios Mutter hielt, saß in ihrer Kassenbox und bediente ein paar Kunden. Ich wartete, bis sie sich nach irgendetwas bücken musste. Dann schlüpfte ich an ihr vorbei und lief hinunter in den Keller. Karl saß in seinem Arbeitsraum und trank Kaffee.

74

Witz und Spannung: Das finden leseunlustige Jungs in »Ein Fall für Kwiatkowski – Monster, Mond und Mottenpulver« von Jürgen Banscherus.

buch). Die Serie ist inzwischen auf beachtliche elf Titel angewachsen. Rocco sorgt zur Freude der Leser in seinem Alltag immer für Turbulenzen. Jedes Buch enthält drei in sich abgeschlossene Geschichten und es kommt fast keine Doppelseite mit reinem Text vor. 20 Zeilen pro Seite und eine großzügige Schrift lassen den Leser zügig durch die ohnehin flott geschriebenen Geschichten kommen. Der Autor lässt seinen Helden von einem absurden Dilemma ins nächste stolpern – und schwups, sitzt Rocco ungewollt in der Patsche.

Fragt man Kinder, was sie an Büchern schätzen, fallen oft die Stichworte »lustig« und »spannend«. Jürgen Banscherus' Reihe um den Kinderdetektiv Kwiatkowski (Arena) mit seiner Vorliebe für Milch und Kaugummi bieten beides. Der Junge ist fest im Alltag verankert, zu Hause muss das Geld zusammengehalten werden und bei der Lösung gehen Glück und Verstand Hand in Hand. Inhalt, Seitenaufbau und Illustrationen ergeben bei den mehr als 20 Bänden ein ansprechendes Gesamtpaket, mit dem schon mancher leseunlustige Junge in den Bücherbann gezogen wurde.

Sachbücher motivieren

Nicht jeder Erwachsene ist ein Romanleser – und auch bei Kindern ist das so. Manche werden mit Sachbüchern oder Comics glücklicher. Gerade Jungs lesen sachorientierte Texte und Comics oft lieber als Kinderromane, weil sich der Inhalt hier schneller erschließt. Der kleine Leser muss erst mal nicht ganz so lange durchhalten, bis er versteht, worum es zwischen den Buchdeckeln geht. Unzählige Wissensbereiche deckt naturgemäß ein erstes Lexikon ab. Für Leser ab sieben Jahren ist das »Ravensburger Grundschullexikon von A–Z« von der Schriftgröße und dem Seitenaufbau her gut gestaltet. Wer thematisch stärker in die Tiefe gehen will, kann sich bei diversen Sachbuchreihen bedienen. Auch hier sollte vorher unbedingt gemeinsam mit dem Kind ein Blick in das Buch geworfen werden. Um die Seiten der bekannten »Was ist Was«-Reihe aus dem Hause Tessloff zu bewältigen, bedarf es aufgrund der Textmenge und der kleineren Schriftgröße beispielsweise schon eines erfahrenen Lesers. Wer sein Kind mit informativen, spannenden und lustigen Büchern ein erstes Sachwissen vermitteln will, sollte sich die »Baff! Wissen«-Bücher aus dem

Arena Verlag ansehen. Sie nähern sich auf jeweils 64 Seiten in Interviews, Comics, Rätseln, historischen Geschichten ganz unterschiedlichen Themen wie dem alten Ägypten, Römern oder Walen und Delfinen. Fast magazinhaft kommen die Bücher daher, mit angenehmer Seitenaufteilung und großzügiger Schrift. Und die originellen Titel wie »Pirat voraus, Käpten Klaus!« oder »Mach doch mal blau, Wal!« zeigen schon, dass hier mehr als nur die trockenen Fakten vermittelt werden sollen.

Natürlich gibt es immer wieder auch Themen, die außerhalb der Sachbuchreihen aufgegriffen werden. Katharina von Gathen und Anke Kuhl haben bei Klett Kinderbuch ein wunderbares Aufklärungsbuch für Grundschulkinder herausgebracht. In »Klär mich auf« hat die Autorin 101 von Kindern gestellte Fragen zu dem Thema in Schulen gesammelt, von »Warum küsst man sich?« über »Ist Sex witzig?« bis zu »Was bedeutet ›geil‹?« Die Fragen werden von Anke Kuhl unverkrampft, humorvoll und tabulos in Bildern aufgegriffen und danach von einer überschaubaren sachlichen Antwort begleitet.

Beliebt beim Nachwuchs: Sachwissen mal anders – hier in Comicform, aus der Arena-Reihe »Baff! Wissen«, erzählt von Volker Präkelt.

Ist der kleine Leser eher am Handwerklichen interessiert, gibt es Kreativbücher, knobelt er gerne, liest aber keine Krimis, gibt es Rätselbücher usw., usw.

Comics portionieren den Text

Kennen Sie noch Comichelden aus Ihrer Kindheit? Dann lohnt es sich, sie gemeinsam mit dem Kind wiederzuentdecken. Egal ob es die Helden aus Entenhausen sind, Tim und Struppi oder die Schlümpfe, durch die Sprechblasen ist der Text wunderbar portioniert. Die Kinder, die sich mit dem Lesen noch etwas schwerer tun, können sich sogar teilweise mit den Bildern allein etwas durch die Geschichte schummeln. Aber spätestens, wenn das Kind auf diese Weise doch noch nicht alles versteht oder es das Buch zum fünften Mal durchgeblättert hat, wird auch gelesen.

Ein gelungenes Beispiel für einen modernen Comic ist Luke Pearsons »Hilda«: Hilda ist ein resolutes Mädchen, das mit seiner Mutter von der Berghütte in die Stadt gezogen ist. Ihre Welt ist von mystischen Wesen bevölkert, in dem Band »Hilda und der schwarze Hund« (Reprodukt) sind es die Kobolde, die ganz selbstverständlich ihren kleinen Kosmos in der Welt der Menschen haben.

Und weil Hilda einem verstoßenen Hauskobold helfen möchte, vermasselt sie so ziemlich jede Prüfung für ein Pfadfinderabzeichen, schafft es dafür aber, das Rätsel um den riesigen schwarzen Hund zu lösen, der die kleine Stadt Trolberg in Angst und Schrecken versetzt.

Zum Glück liegt die Diskussion, ob Comics schädlich sind, schon lange hinter uns – im Gegenteil, Comics entfachen Leselust.

Ein wunderbarer Comic für Zweitleser: Die Abenteuer von Hilda bei Reprodukt

»Meine Mutter ist in Amerika und hat Buffalo Bill getroffen«
(Carlsen) von Jean Regnaud und Émile Bravo ist zum Beispiel
mit dem Deutschen Jugendliteraturpreis ausgezeichnet worden.
Es lohnt sich also, die Augen offen zu halten und mit Kindern
zusammen neue Buchwelten jenseits der klassisch erzählten Geschichten zu entdecken.

Ein reichhaltiges Angebot

Sie sehen, es gibt ein reichhaltiges Angebot für das Lesen nach
dem Leseerwerb. Leseanfänger, die sich durch ihre ersten Texte buchstabiert haben, hungern irgendwann nach komplexeren

Geschichten. In längeren Geschichten kann man naturgemäß mehr erzählen. Sie schmücken im Idealfall mehr aus, zeichnen die Personen besser, haben Platz für ungewöhnlichere Figuren, die vielleicht nur mal am Rand auftauchen, sie bieten mehr Raum für Wer-weiß-noch-was, sie sind differenzierter und hoffentlich auch ein bisschen bunter. Es ist wichtig, dass Kinder, wenn sie den Sprung in die Welt des Lesens geschafft haben, die spannenderen, witzigen, von der Typografie und Seitengestaltung her gut gesetzten Geschichten bekommen, damit sie nicht aus Langeweile das zarte Pflänzchen »Lesen« verkümmern lassen und die Lust am Lesen verlieren.

Entdecken und nutzen Sie das große Angebot in Buchhandlungen, Büchereien, Schulbibliotheken und privaten Bücherschränken – lassen Sie die Kinder eintauchen in die Welt der Geschichten und des Wissens.

»Ich schick dir einen Emil«

Elektronische Angebote für Leseanfänger

Bisher war immer von Büchern die Rede. Bücher, die auf Papier gedruckt sind und die das Lesen auch zum blätternden, knisternden, fühlbaren Erlebnis machen. Schon die kleinsten Kinder lernen an Buggy- und Stoffbüchern: Die Leserichtung verläuft in unserem Schriftsystem traditionell von vorne nach hinten, auf den einzelnen Seiten von links oben nach rechts unten – das funktioniert selbst in Comics (außer in Manga) in den einzelnen Bildtafeln. Der Leser kann vor- und zurückblättern, mit einem Lesezeichen eine Markierung einfügen, wenn er das Lesen unterbricht – damit er die Stelle zum Weiterlesen schnell wiederfindet. Doch Bücher sind längst nicht mehr nur an Papier gebunden und das Lesenlernen damit auch nicht, scheint es: Wer sich – statt selbst zu lesen – lieber vorlesen lässt, greift zu Hörbüchern. Oder er liest papierlos auf seinem Smartphone, Tablet oder E-Reader. Die neuesten Geräte wiegen nicht mehr als ein Taschenbuch und sind flach wie ein Handy. Die Darstellung auf dem Bildschirm nähert sich mehr und mehr der Qualität eines gedruckten Buches an, die Schrift ist gestochen scharf und durch die Hintergrundbeleuchtung ist ermüdungsfreies Lesen im Dunkeln ebenso möglich wie in der direkten Sommersonne. Erste Studienergebnisse zeigen jedoch auch Nebenwirkungen: Das leicht bläulich abstrahlende Licht von E-Readern, Tablets und Smartphones stört die Produktion des den Schlaf regulierenden Hormons Melatonin und erschwert das Einschlafen.

Doch welche Rolle spielen solche digitalen Angebote beim Lesenlernen? Wo sind sie sinnvoll und unterstützen, wo lenken sie eher ab und werden zum reinen Zeitvertreib? Das lässt sich schon an den verfügbaren Geräten festmachen. Als Wunsch steht ein Smartphone schon bei vielen Kindern an erster Stelle, gefolgt vom Tablet-Computer. Damit verbunden sind jede Menge Anwendungen und Spiele, nur ans Lesen denken dabei die wenigsten. Es wird damit zwar gelesen, geschrieben und versendet, aber das sind dann »ein E-Mil« oder WhatsApp-Nachrichten – zunehmend gehört die Klassengruppe auf WhatsApp zum digitalen Alltag von Grundschülern. Ein Smartphone als Buchersatz ist für Kinder auch nicht wirklich attraktiv. Der kleine Bildschirm zeigt nur einen Bruchteil der Seite an, Illustrationen werden zu Augenpulver und das Herantasten an Satzlängen, das Begreifen von Sinnzusammenhängen in Wort- und Satzfolgen wird zu einer reinen Puzzlearbeit, bei der die Lust aufs Entdecken schnell verloren geht. Von daher sind Smartphones denkbar ungeeignet, eine wichtige Rolle beim Lesenlernen einzunehmen.

Da leisten Tablets schon deutlich mehr, auch wenn sie im Kinderzimmer noch nicht weit verbreitet sind. Doch warum auf dem Bildschirm durch buchähnliche Seiten blättern, wenn Game-Apps oder Internetbrowser nur einen Wisch entfernt liegen? Die vielfältigen Einsatzmöglichkeiten eines Tablets bieten stärkere Reize an als ein digital aufbereitetes Buch. Von daher sollten Eltern unbedingt einen Blick darauf haben, was sich gerade auf dem Bildschirm abspielt, denn die Ablenkung ist direkt mit eingebaut und nur einen Fingerzeig entfernt.

Gehört zunehmend auch bei Kindern zum Alltag: ein Tablet, ein Smartphone und die Klassengruppe auf WhatsApp.

Auf Multifunktionalität muss man bei reinen Readern für E-Books verzichten. Der Vorteil der immer besser werdenden Schwarz-Weiß-Darstellung auf deren Displays ist jedoch auch ihr Nachteil: Es fehlt die Möglichkeit, die vierfarbigen Illustrationen der Bücher in gleicher Qualität zu reproduzieren. Entsprechend dünn ist das E-Book-Angebot der Verlage für jüngere Leser. Wer auf den üblichen E-Book-Portalen sucht, wird dort trotzdem auch sehr günstige Angebote speziell für Leseanfänger finden, dann oft im Selbstverlag herausgegeben. Vor dem Kauf sollten Eltern, wenn möglich, die »Blick ins Buch«-Funktion nutzen. Übervolle Seiten in zu kleiner Schriftgröße, holprige Sprache, dilettantische Illustrationen oder selbst gemachte Fotos erklären oft den niedrigen Preis. Diese Angebote sind eher Stolpersteine bei der Leseentwicklung statt günstiges Lesefutter.

E-Books für Leseanfänger

Besser geeignet sind die Umsetzungen von bereits gedruckten Büchern für Tablets (sie funktionieren in der Regel auch auf Smartphones). Illustrationen sind hier brillant darstellbar und neben Text und Bild bietet sich die Möglichkeit, Geschichten multimedial anzureichern, mit Geräuschen und vorgelesenen Passagen, mit Liedern und kleinen Spielen. Auch interaktive Frageelemente und Rätsel zum Textverständnis, wie sie der Leser zum Teil schon aus Büchern kennt, lassen sich so integrieren. Eine breite Auswahl an Stoffen bietet Tigerbooks an, dort sind bekannte Kinderbuchhelden von Conni bis zu den Olchis, von der Sesamstraße bis zu Geronimo Stilton zu finden. Der Ravensburger Verlag wiederum hat seine Erstlesereihe »Der Leserabe« als digitale Variante auf den Markt gebracht. Die Anreicherung mit interaktiven Elementen macht Spaß, fördert die Auseinandersetzung mit den Buchinhalten, lenkt aber dadurch auch vom eigentlichen Leseprozess ab. Ein Gefühl für den Lesefortschritt lässt sich ebenfalls schwerer entwickeln als beim gedruckten Buch. Kinder sind meist sehr stolz auf die eigenständig gemeisterten Textmengen und zeigen das den Erwachsenen auch gerne: »Guck mal, wie viele Seiten ich

E-Book für Erstleser: Der digitale Leserabe bietet eine Vorlesefunktion in zwei Geschwindigkeiten, animierte Illustrationen und Leserätsel.

schon gelesen habe!« Dieses Gefühl für Mengenverhältnisse stellt sich beim Scrollen auf Tablets nicht ein.

Noch gibt es aus der Forschung wenig Hinweise darauf, welche Auswirkungen das Lesen auf Hardware, auf der gewischt statt geblättert wird, im Leselernprozess hat. Unstrittig scheint bislang, dass Bildschirme in jeder Form das oberflächliche und häppchenartige Lesen fördern. Deswegen ist auf dem Weg zum Leseglück ein Tablet wie ein leckerer Nachtisch: Dafür haben Kinder einen zweiten Magen, in den immer noch was passt, auch wenn sie schon satt sind. Denn auch wenn es gut schmeckt, zu viel davon verursacht Bauchschmerzen.

Lesen mit Hörstiften und Smartphones

Nur mit Buch funktionieren die audiodigitalen Hörstiftsysteme Ting (ca. 35 Euro) und tiptoi® (ca. 40 Euro). Online mit den jeweiligen Daten zum Buch aufgeladen bieten sie zu Text und Bild Ergänzungen wie vorgelesene Passagen, Töne und Lieder oder ein interaktives Quiz am Ende des Buchs. Die Hörstifte samt Buchangebot sind vorrangig für Vorschulkinder gedacht, da sich ihre Bedienung intuitiv über das Antippen von Symbolen und Bildern im Buch ergibt. Trotzdem finden sich damit auch Einsatzmöglichkeiten gerade für die jüngeren unter den Leseanfängern. Ravensburger bietet dazu einige Bücher mit entsprechenden Inhalten an.

Der nächste Schritt ist das Smartphone anstelle des Lesestifts. Noch eine ungewöhnliche neue Technik, deren Vorreiter LeYo! vom Carlsen Verlag ist: Es wird nicht mit einem Stift, sondern mit der wie ein Scanner funktionierenden Handykamera über

Mit Rotkäppchen Geheimnisse entdecken:
Bei LeYo!-Büchern von Carlsen können
Kinder über die Smartphone-Kamera
zusätzliche Bilder, Animationen, Spiele und
Hörstücke aktivieren.

Buchseiten navigiert. Dafür benötigt man ein Smartphone oder Tablet mit der entsprechenden LeYo!-App, die kostenlos in den gängigen App-Stores heruntergeladen werden kann. Werden die Daten für das jeweilige Buch übertragen, sind Bilder, Animationen, Spiele und gelesene Passagen ergänzend zum Buch verfügbar. Sie werden automatisch auf dem Bildschirm aktiviert, wenn das dazugehörige Bild auf der Buchseite von der Kamera erfasst wird. In einem Weltatlas beispielsweise hebt ein Flugzeug mit entsprechenden Triebwerksgeräuschen ab oder ein Aborigine spielt in Australien Didgeridoo, was dann entsprechend zu hören ist. Während Letzteres eine sinnvolle Ergänzung ist und die Wissensvermittlung stützt, ist vieles andere vor allem Gimmick und sieht nett aus – positive Effekte speziell für das Lesenlernen darf man sich davon nicht versprechen.

Aber es sind nicht nur diese inhaltlichen Einschränkungen, die digitale Angebote begleiten. Apps dürfen nur von Erwachsenen erworben, installiert und aktualisiert werden: Schon das bremst den eigenverantwortlichen Umgang mit Geschichten aus. Ganz auf die spielerischen und multimedialen Möglichkeiten auch für Leseanfänger setzen nur wenige Verlage wie S. Fischer, Oetinger, Carlsen und mixtvision. Ihre Apps beinhalten eher spielerische

Ansätze und sind im besten Falle als Ergänzung zu bekannten Buch-Charakteren wie Tiger und Bär von Janosch zu verstehen.

Lesemotivation durch interaktive Internetseiten

In der Schule lernen Kinder oft Antolin (www.antolin.de) kennen. Es ist ein geschickt ausgedachtes Instrument, um die Lesemotivation zu erhöhen: Wer sich anmeldet und einen Antolin-Leseausweis mit seinem Passwort erhält, bekommt in diesem webbasierten Programm Fragen zum gerade gelesenen Buch gestellt. Bei richtiger Beantwortung erhält der Leser Pluspunkte. »Wie viele Punkte habe ich schon gesammelt?« – das kann ein besserer Leseansporn sein als elterliche Aufforderungen, doch mal wieder in einem Buch zu lesen.

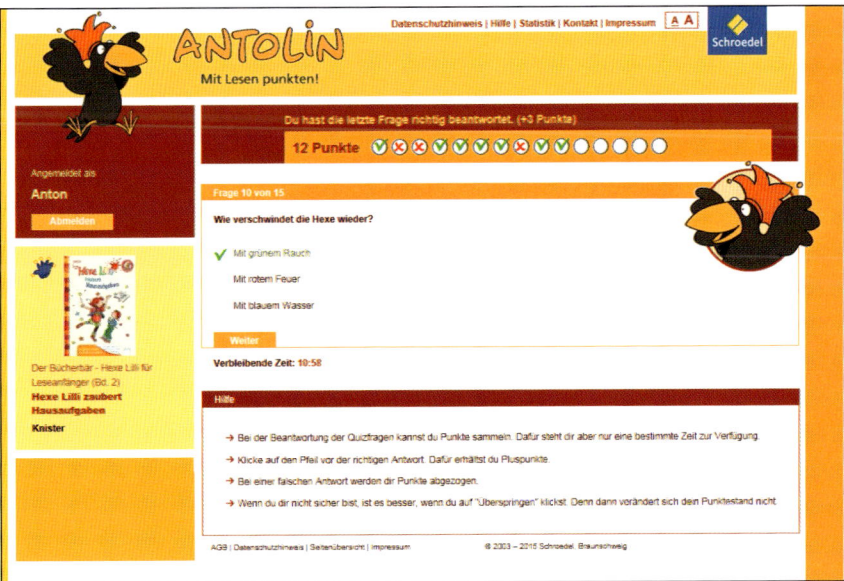

Kinder können hier zeigen, dass sie die gelesenen Texte verstanden haben: Viele Grundschulen arbeiten mit www.antolin.de.

Den Weg ins Internet weisen auch viele Buchreihen der Verlage. Komplette Bücher finden sich online nicht, sondern deren Lektüre wird vorausgesetzt. Es gibt werbliche Tipps zu Neuerscheinungen, Gewinnspiele und ergänzende Informationen, die durchaus eine sinnvolle Ergänzung zur reinen Lektüre sein können. Auch dabei ist der erwachsene Blick vorab hilfreich – damit man weiß, ob sich eine Beschäftigung mit den jeweiligen Angeboten lohnt. Und der Blick währenddessen schadet auch nicht. Denn in der Regel gibt es neben buchnahen Angeboten auch kleine Spiele, die schnell und einfach geladen sind und jede Menge Spaß machen können.

Ganz gleich, ob Internetseiten, E-Books oder Apps: Die im Zusammenhang mit dem Lesen oft verteufelten elektronischen Medien sind gar nicht so teuflisch. Womöglich sind sie sogar Verbündete des Buchs, nicht dessen Gegner. Denn wer sich in Computergames, Webseiten, interaktiven DVD-Menüs, Musik- und Spieleplattformen geschickt bewegen und deren Möglichkeiten ausschöpfen will, kommt am geschriebenen Wort nicht vorbei. Natürlich könnte sich ein Kind auch nur an den sogenannten Icons orientieren und von Bild zu Bild, von Warnton zu Warnton hüpfen. Aber es wird rasch merken, dass die Sprünge viel besser geraten, wenn es auch die Wörter und Anleitungen versteht.

Nur lesen ist schöner

Wie können Kinder weiter gefördert werden?

Ein magischer Moment: Die Fahrprüfung ist bestanden, der Führerschein in der Tasche – jetzt lockt die Freiheit des Selberfahrens. Von Altstadtgassen bis zu Autobahnen steht die Welt offen. Diese Vielfalt bedeutet aber auch eine Herausforderung für das fahrerische Können. Es muss sich trotz Führerschein noch weiterentwickeln.

Solch einen »magischen Moment«, der eigentlich eher eine Phase von mehreren Wochen ist, gibt es auch beim Lesenlernen – meist in der zweiten Hälfte der Grundschulzeit. Denn wenn es darum geht, einfache Wörter so zu entziffern, dass man diese nicht mehr vormurmeln (»lautieren«) muss, dann *können* Kinder jetzt lesen.

Auch wenn es gewagt ist, beim Thema Kindererziehung Glücksmomente zu versprechen – weil Kinder einfach nicht nach einem festen Drehbuch handeln: Es lohnt sich ganz besonders, Kinder nun beim Lesen zu beobachten und mit ihnen über Lesestoff zu sprechen. Denn die Kinder spüren, dass ihnen ab sofort die Lesewelt wirklich offensteht. Und sie sind entsprechend begeistert. Dieser Motivationsschub wird in der Leseforschung oft beschrieben. Was Kinder besonders fasziniert: Es ist für viele einfach großartig, sich jetzt eigenständig, nach Lust und Laune, einem viel breiteren Angebot an Lesestoffen zuzuwenden. Um das zu verstehen, ist wieder das Bild von der Fahrschule hilfreich: Denn

Qual der Wahl? Im Gegenteil: Viele Kinder sind begeistert, wenn ihnen eine große Auswahl an Lesestoff offensteht.

auch wenn der Fahrlehrer noch so nett ist – es ist doch ein ganz anderes Gefühl, alleine per Auto die Welt zu erkunden.

Der Führerscheinvergleich ist auch in einer anderen Hinsicht zutreffend: Die Herausforderungen der neuen Lesewelt können die Kinder nur erfolgreich bewältigen, wenn sie (so widersprüchlich es zunächst einmal klingen mag) weiterhin lesen lernen, obwohl sie ja bereits lesen können.

Lesen bleibt weiterhin eine Lernaufgabe

Dieser Widerspruch löst sich auf, wenn man genauer anschaut, was »Lesen« aus psychologischer Sicht eigentlich bedeutet: Lesen ist nicht eine einzige Fähigkeit, sondern ein Mix unterschiedlichster

Fähigkeiten. Denn es geht um viel mehr als bloß darum, Buchstabenfolgen zu entziffern. Viele dieser Fähigkeiten werden erst jetzt, wenn der Lesestoff spannender und gleichzeitig anspruchsvoller wird, richtig trainiert.

Was passiert in dieser neuen Phase des Lesenlernens nun genau im Gehirn? Cornelia Rosebrock, Professorin für Literaturdidaktik an der Frankfurter Universität, und Lesedidaktiker Daniel Nix, die den Vergleich zwischen lesen und Auto fahren maßgeblich geprägt haben, beschreiben das besonders anschaulich: Das Entziffern von Wörtern ist ihnen zufolge der einfache Teil der Lesefähigkeit. Beim Autofahren ist das etwa das Lenken und Schalten. Wer den Führerschein ausgehändigt bekommt, kann diese Aufgaben bewältigen, muss sich aber noch sehr stark auf sie konzentrieren. Er sollte sie jetzt »automatisieren«, um sich schwierigen Herausforderungen stellen zu können, etwa auf den Verkehr im Großstadtgewühl zu achten. Wie sehr wir geübten Leser das Wortentziffern automatisiert haben, zeigt das faszinierende

Das Stroop-Experiment: Welche Farbe hat das Wort »Rot«?

»Stroop-Experiment«: Wenn auf einem Kärtchen das Wort »gelb« in blauer Farbe aufgedruckt ist und wir gefragt werden, in welcher Farbe das Wort auf dem Kärtchen steht, zwingt uns ein innerer Mechanismus dazu, »Gelb« zu sagen.

Welches sind die komplexeren Vorgänge beim Lesen?

Das sind alle geistigen und gefühlsmäßigen Leistungen, die uns – vor allem bei längeren Texten – dabei helfen, sie zu verstehen. Beim Lesen aktivieren wir Vorwissen, das wir vor langer Zeit erworben haben, und wir leisten Schlussfolgerungen von gerade im Text Gelesenem auf das, was jetzt vielleicht folgt. Ein vereinfachtes Beispiel – lesen Sie folgenden Satz:

Der Cowboy Jim erblickt die Pr...

Wenn in einem Text das Wort »Cowboy« vorkommt, stellt das Gehirn seine Analyseantennen so ein, dass die Deutung der folgenden Buchstabenfolgen zielgerichtet bezogen auf eine Cowboywelt gedeutet wird. Ein Wortanfang »Pr« ergänzt das Gehirn nun, ähnlich wie bei der Textverarbeitung im Computer, durch die Buchstabenfolge »ärie«. Es entsteht das Wort »Prärie«. All das geschieht blitzschnell und unter Einbezug unzähliger Selbstkorrekturen. Auch bereits gesehene Cowboyfilmbilder stellen sich während des Leseprozesses ein – und die mit ihnen verbundenen Gefühle. So wird jener Effekt erzeugt, der die Faszination Lesen erst ermöglicht: das »Eintauchen« in die Texte.

Und genau darum geht es in der Leseerziehung, die sich über die folgenden Klassenstufen erstreckt: Als Lernziel in den Lehrplänen, etwa für die sechste Klasse, heißt dieses Eintauchen in Texte »involviertes Lesen«. Das ist allerdings keine starre Vorgabe wie eine Industrienorm: Denn ob man sich in einen Text emotional hineinbegeben kann oder nicht, hängt von vielen Bedingungen ab. Beispielsweise von der Textschwierigkeit. Hier gibt seit vielen

Jahren der Lesbarkeits-Index (LIX) einen guten Anhaltspunkt: Er basiert auf dem Prozentsatz langer Wörter (Wörter mit mehr als sechs Buchstaben) und der durchschnittlichen Satzlänge eines Textes.

Vor allem jedoch zeigt der Alltag im Unterricht, aber auch das Gespräch mit vielen Schülern zum Thema »Ferienlektüre«: Damit man sich in einen Text versenken kann, muss die Lesesituation stimmen. Das bedeutet: Spricht ein bestimmter Text das lesende Kind in einem konkreten Moment an? Und wie motiviert ist es? So wichtig in der

Abtauchen und Abenteuer erleben – das kann man mit Büchern

Leseförderung also Literaturtipps und methodische Rezepte sind, am wichtigsten ist es, ein Gespür für die »passende Situation« zu entwickeln.

Das Ziel: lesen – ohne darüber nachzudenken, dass man liest

Die Herausforderung für Eltern, die Kinder auf ihrem »Leseweg« unterstützen möchten, lässt sich auch so formulieren: Bislang lautete das Ziel, dass die Kinder Leser werden. Jetzt geht es darum, den Kindern dabei zu helfen, flüssig zu lesen. So fließend, dass sie gar nicht mehr wahrnehmen, dass sie gerade lesen. Der aktuellen Leseforschung zufolge sind die einfachen Prozesse beim Lesen schließlich so weit automatisiert, dass sich der Leser ganz auf das Mitdenken und Mitfühlen konzentrieren kann: Idealerweise versinkt er dann in das Gelesene.

Mit der Flüssigkeit des Lesens sind zwei weitere wichtige Merkmale verbunden: ein gewisses Tempo – und gleichzeitig ein korrektes Textverständnis. Beides lässt sich trainieren. Insbesondere bei Jungen sollte man dabei Übungen wählen, die beide Anforderungen verknüpfen. Denn während ein Erwachsener rund 250 Wörter pro Minute lesen kann, durchbrechen Jungen, sobald eine Stoppuhr ins Spiel kommt, leicht die 300-Wörter-Schallmauer – doch dabei kommen sie ins Stottern, sobald Fragen zum Inhalt gestellt werden.

»Ich hab aber jetzt keine Lust zu lesen!«

Die wahrscheinlich größte Herausforderung, die Eltern und Bezugspersonen von nun an als Lesebegleiter vor sich haben, ist, die Lesemotivation aufrechtzuerhalten. Denn so faszinierend der Moment ist, wenn Kinder ihre neu erworbene Fähigkeit spüren (bei vielen erfahrenen Lesern setzt dann sogar eine Viellesephase ein): Die Leseforschung ist sich weitgehend einig, dass gerade gegen Ende der Grundschulzeit die Lesemotivation sehr häufig sinkt. Der Grund: Lesen bekommt für die Kinder immer stärker den »Stallgeruch« von Schule – und diese wird zunehmend uncool. Ganz besonders gilt das für Jungen. Hinzu kommt, dass viele Jungs lesen mehr oder weniger bewusst als weibliche Tätigkeit betrachten und damit in die Rubrik »Ist nichts für mich« einordnen. Denn sie erleben in ihrem Umfeld als Lesende vor allem Erzieherinnen, Bibliothekarinnen, lesende Mütter, Omas,

Patentanten, Buchhändlerinnen – aber nur relativ selten männliche Lesevorbilder.

Nach diesem ersten »Leseknick« zum Ende der Grundschulzeit folgt rund zwei Jahre später ein weiterer Leseknick. Jetzt sind die Kinder in der Pubertät – die Welt außerhalb der eigenen vier Wände nimmt an Bedeutung zu und Lesemotivation und Leseengagement lassen erheblich nach.

Wichtige Balance: sensibel sein, gelassen bleiben

Diese Entwicklungen bedeuten jedoch kein »Scheitern mit Ansage«, sie sind komplex und vielfältig. Auch Schüler, die niemals eine Viellesephase absolviert hatten, werden später kompetente Leser. Übrigens verschlingen gerade viel lesende Kinder häufig solche Kinderbuch-Reihen, die als »trivial« gelten. Dies ist kein Anzeichen für einen Stillstand der geistigen Entwicklung; Pädagogen deuten ein solches Verhalten eher als Verfestigen der erworbenen Kenntnisse und als genussvolles Erleben des bisher Erreichten.

Bemerkenswert ist außerdem, dass nicht wenige Kinder, die bisher durch die Eltern intensiv mit Leseanregungen versorgt wurden und regelmäßig vorgelesen bekamen, jetzt provokant auf Gegenkurs gehen (vor allem in Richtung Computerspiele), um sich andere Räume zu erobern. Viele von ihnen finden gegen Ende der Schullaufbahn in puncto Lesefreude und Lesekompetenz wieder zur alten Form zurück – die Grundlagen dafür sind vorhanden. Neben aller gebotenen Sensibilität ist somit auch eine Portion Gelassenheit sinnvoll.

Was kann man konkret tun, um ältere Kinder zum Lesen zu motivieren?

Bei der Auswahl von Unterrichtslektüre wurden gute Erfahrungen damit gemacht, besonders auf die Themeninteressen von Jungen zu achten. Das soll nicht heißen, dass Mädchen links liegen gelassen werden; es ist aber oft so, dass sich Mädchen eher einfach mal so auf eine Geschichte einlassen, während Jungen ein uninteressantes Genre oder Thema schnell als K.-o.-Kriterium werten und nicht mehr zu motivieren sind. Motivierte Jungen wiederum tragen zu einem positiven Lernklima bei, von dem auch die Mädchen profitieren. In fünften und sechsten Klassen haben Befragungen immer wieder diese »Hitliste« ergeben: Lieblings-Genres bei den Jungen sind Abenteuergeschichten, Detektivgeschichten bzw. Krimis und Fantasy. Fragt man Jungen in dieser Altersgruppe außerdem, wie ein Buch geschrieben sein muss, damit sie es gerne lesen, kommen immer wieder zwei klare Forderungen: Es muss spannend sein. Und es muss witzig sein. Wenn in der Klasse Buchpassagen mit schnoddrigen Sprüchen, peinlichen Situationen oder einfach purem Nonsens vorgelesen werden, kommt das lustvollste Gekicher meist von Jungen.

Solche Befragungsaktionen haben einen weiteren Leseförderungseffekt: Man findet nicht nur heraus, was ältere Kinder und angehende Jugendliche gerne lesen – man erzeugt mit dem Interesse an ihren Wünschen auch eine Extraportion Motivation. Fragen Sie Ihr Kind daher regelmäßig, was es zurzeit liest, wie es die Lektüre findet – und für welche Themen es sich ganz allgemein interessiert. Lassen Sie sich außerdem Bücher empfehlen.

Das kann natürlich auch anbiedernd wirken. Aber es ist nicht unrealistisch, dass sich folgender Effekt einstellt: Auf einmal schaltet ihr Gegenüber von »maulfaul« auf »redselig«, weil es sich ernst genommen fühlt.

Nutzen Sie die Lehrer als Ansprechpartner, um nach Motivationsimpulsen zu suchen. Viele Lehrer sind dankbar, wenn ihnen signalisiert wird, dass die Eltern mit ihnen an einem Strang ziehen wollen. Regen Sie ruhig auch Leseförderangebote in der Klasse Ihres Kindes an. Und: Nutzen Sie die Chance, im Gespräch mit den Lehrern herauszufinden, wo Blockaden des Kindes liegen können.

»Das Lesen zu lernen und von dem Gelesenen Nutzen zu haben«, ist laut Goethe ein Prozess, der weit über die Pubertät hinausreicht. »Die guten Leutchen wissen nicht, was es einem für Zeit und Mühe gekostet hat, um lesen zu lernen. Ich habe 80 Jahre dafür gebraucht und kann noch jetzt nicht sagen, dass ich am Ziel wäre«, erwähnt Goethe 1830. Dass dieses Jahrzehnte während Lesetraining wiederum alles andere als eine lästige Pflichtübung ist, weiß jeder, auf den der Lesefunke übergesprungen ist: Lesen begeistert und bereichert. Und das ein Leben lang.

Liebe Eltern, liebe Leserinnen und Leser,

dieses Buch ist ein Glück – für diejenigen, die lesen und hier ganz nebenbei erfahren, welche Leistung das eigentlich ist. Und für alle, die das Geheimnis des Lesenkönnens weitergeben möchten und nun wissen, wie das erfolgreich zu bewerkstelligen ist.
Als Sprecherin der IG Leseförderung, die mit Buchhändlern und Bibliothekaren neue Leseförderideen wie die *LeseTüte** entwickelt, möchte ich gerne auf etwas Wichtiges hinweisen. Ein entscheidender Baustein zum Glück des Lesers scheint mir das Entdecken einer Buchhandlung oder einer Bücherei zu sein: Dieser besondere Geruch der Bücher, die Fülle der Titel in den Regalen, das Plätzchen zum Stöbern und Schmökern ...
Dazu die Begegnung mit den Menschen, den Lesern und natürlich den Buchhändlern und Bibliothekaren! Sie stecken voller Ideen und Vorschläge, was man noch lesen könnte. Sie bieten den Buchfressern Futter, servieren den Genießern Kostbarkeiten, schenken den Skeptikern eine überraschende Idee oder einen super Geheimtipp.
Eine Buchhandlung oder Bibliothek als ein Stückchen Heimat erfahren, ganz selbstverständlich im Alltag dort zu Hause zu sein: Das wünsche ich Kindern und Erwachsenen zum Leseglück.

Irmgard Clausen
IG Leseförderung im Börsenverein des Deutschen Buchhandels

* Seit 2011 verteilen Buchhandlungen im deutschsprachigen Raum jährlich von Grundschülern fantasievoll bemalte *LeseTüten* mit einem Buch für Erstleser an die Erstklässler ihrer Schule. 2015 beteiligen sich 570 Buchhandlungen mit mehr als 100.000 *LeseTüten*.

Anhang

Empfehlenswerte Klassiker und Entdeckungen für Leseanfänger

○ **Bärenstarke Anna. Luise Holthausen. Fischer Duden Kinderbuch, 2013**
Hier staunt der junge Leser: Anna hat plötzlich Riesenkräfte und hebt Schränke oder Autos hoch, bezwingt ihren Klassenkameraden Timo locker beim Armdrücken und rettet den umgekippten Elefanten im Zoo. Erheiternd und zum Alleine- wie zum Gemeinsam-Lesen.

○ **Bink & Gollie. Kate DiCamillo. dtv junior, 2010**
Die eine ist klein, die andere groß. Auch sonst sind sie ganz unterschiedlich. Aber beste Freundinnen und unzertrennlich sind sie trotzdem. Wie es um den Geschmack bei Strümpfen bestellt ist oder sie ein Heim für Fische suchen, ist witzig erzählt.

○ **Cowboy Klaus und sein Schwein Lisa. Eva Muszynski. Tulipan, 2007**
Cowboy Klaus lebt zusammen mit seinem Schwein Lisa auf der Farm »Kleines Glück« im Wilden Westen. Dumm nur, dass er jedes Mal seinen Taucheranzug anziehen muss, wenn er zum Einkaufen in die Stadt will. Denn rund um die Farm wächst ein riesengroßer Kaktuswald. Und eine Kuh braucht Cowboy Klaus auf seiner kleinen Farm auch noch.

○ **Das große Buch von Frosch und Kröte. Arnold Lobel. dtv junior 1998**
Die beiden Freunde, der tatenhungrige Frosch und die nörgelnde Kröte, wohnen fernab von der Welt der Menschen. In den vier Jahreszeiten erleben sie große und kleine Abenteuer, die gar nicht so weit vom Kinderalltag weg sind. Eine der wenigen Übersetzungen aus dem amerikanischen Englischen für Erstleser besticht durch Witz und Tiefgründigkeit.

○ **Das Schlossgespenst. Mira Lobe. Arena Verlag, 2012**
Ein einsames Schlossgespenst schreibt ein Plakat: »Schlossbewohner dringend gesucht!« Der Maler Balduin, seine Prinzessin und Wuff ziehen ein. Bevor die vier aber Freunde werden, gibt es noch viele Überraschungen.

○ **Der Buchstabenfresser. Paul Maar. Oetinger, 1996**
Claudia findet im Garten ein merkwürdiges himmelblaues Ei. Was da wohl drinnen ist? Kein Saurier, sondern der gefährliche Buchstabenfresser, der zuerst die Buchstaben vertauscht und dann Buchstaben frisst – und zum Beispiel aus einem Busch ein Buch macht. Eine Geschichte voller witziger Wortspiele.

o **Der Buchstabenvogel. Eveline Hasler. dtv junior, 1986**
Kann man auch als Rabe schlau werden, wenn man sich die Buchstaben einverleibt? Der Rabe probiert es und frisst in den großen Pausen den Kindern die Buchstaben aus den Schulbüchern. Ein netter Versuch. Bis der Rabe alle Buchstaben wieder zurückgibt und sich die Kinder freuen.

o **Der Findefuchs. Wie der kleine Fuchs eine Mutter bekam. Irina Korschunow. dtv junior, 1986**
Die Füchsin findet einen verlassenen und hilflosen kleinen Fuchs im Gebüsch. Was soll sie tun? Sie hat doch schon drei Kinder, die sie ernähren muss. Aber allein zurücklassen kann sie den kleinen Findefuchs auch nicht.

o **Der Mondscheindrache. Cornelia Funke. Loewe, 2012**
Ein Drache und ein weißer Ritter, die aus einem Buch springen und durchs Zimmer jagen? Das ist ja unglaublich! Plötzlich ist Philipp genauso klein und muss es mit dem gemeinen Ritter aufnehmen. Eine spannende Geschichte der Bestsellerautorin mit fantastischen Elementen.

o **Die Krumpflinge – Egon zieht ein! Annette Roeder. cbj, 2014**
Mit Schimpfwörtern kann man einiges anstellen, zum Beispiel einen Tee kochen. Wer es nicht glaubt, soll den Krumpflingen über die Schulter schauen.

o **Finn Feuersäbel und der fürchterliche Furio. Anna Taube. Loewe, 2012**
»Ich für dich, du für mich« heißt die Leselöwen-Reihe, in der Erwachsene den Grundtext lesen und der Leseanfänger in großer Schrift hervorgehobene einzelne Sätze und kleine Textpassagen. In diesem Buch ist Hochspannung angesagt, wenn der Junge Finn sich mit seinen Piraten aufmacht, um der gleichaltrigen Viola gegen einen wütenden Drachen beizustehen – der eigentlich verzaubert ist.

o **Gecko – Die Kinderzeitschrift, sechsmal jährlich, Edition Loris**
Gecko ist ein Geschichtenmagazin für Kinder ab 4 Jahren bis ins Schulalter und eignet sich vorzüglich für Abc-Schützen. Zu den Gecko-Rubriken gehören »Wortsport« oder »Geckolores« . Die Zeitschrift bietet viele bunte, witzige und einfühlsame Leselernseiten und ist ganz ohne Werbung.

o **Geschichten vom Franz. Christine Nöstlinger. Oetinger, 1984**
Franz hat Locken, einen Herzkirschenmund und rosarote Wangen – kein Wunder, dass er mindestens dreimal am Tag für ein Mädchen gehalten wird. So kann das ja nicht weitergehen und Franz beschließt, dass da etwas geändert werden muss. Daran anschließend gibt es noch eine Fülle von weiteren Geschichten um Franz.

○ **Hexe Lilli stellt die Schule auf den Kopf. KNISTER. Arena, 1994**
Hexe Lilli möchte ihrer Lehrerin helfen und hat sich für den Unterricht ein paar Zaubersprüche herausgesucht. Doch leider geht alles schief und die Klasse versinkt in einem großen Durcheinander. Der erste Band der Abenteuer von Hexe Lilli enthält sogar echte Zaubertricks zum Nachmachen. Wem das Abenteuer gefällt, der findet noch mehr Lesefutter mit Hexe Lilli in 20 weiteren Bänden.

○ **Kann ich mitspielen? Jens Rassmus. Nilpferd in Residenz, 2014**
Alle können mitspielen und alle haben großen Spaß daran. Wer die Geschichte liest, dem wird es nicht anders gehen.

○ **Kleiner Ritter Kurz von Knapp. Christian Seltmann. Arena, 2012**
Mit einem Drachen zu spielen, ist viel lustiger, als gegen ihn zu kämpfen, und so hat der kleine Ritter viele Ungeheuer und Monster zu Freunden. Wenn da nur nicht die anderen Ritter und die Ritterprüferin wären …
Aber gute Freunde sind dazu da, um einander zu helfen.

○ **Löwen mögen schöne Zöpfe. Das Laut-Lese-Buch. Daniel Napp. Carlsen, mit Laut-Lese-CD, 2015**
Daniel Napps Laut-Lese-Buch mit 50 amüsanten Geschichten zu einzelnen Lauten wie zum kurzen *E* oder zum *CH* verführt zum Lesen: Spielerisch entdeckt der Leser hier die Welt der Buchstaben.

○ **Meine kleine Satzwerkstatt. Markus Weber. Moritz, 2006**
Keine Geschichte, sondern vier mal 21 Klappen ergeben in diesem Buch eine Vielzahl an Sätzen. Dabei kommt allemal viel Nonsens heraus, und genau das macht die Beschäftigung mit diesem Buch so spannend und interessant.

○ **Minus Drei wünscht sich ein Haustier. Ute Krause. cbj, 2014**
Irgendwann taucht sie in jeder Familie auf: die Frage nach einem Haustier. In dieser Geschichte wird sie knapp, klar und humorvoll beantwortet.

○ **Sophie macht Geschichten. Peter Härtling. Gulliver Taschenbuch, 2014**
Streit, Pudding kochen, sich wegen Klemens aufregen: Sehr offen erfahren wir vom Alltag der alles andere als maulfaulen Erstklässlerin Sophie. Ideal: Hier ist jede Geschichte nur eine Seite lang.

○ **Zauberhaft, Erdbeerinchen Erdbeerfee! Stefanie Dahle. Arena, 2012**
Abenteuerlustig, unterhaltsam, witzig – einfach wunderbar, die kleine Fee.

Was Sie noch interessieren könnte

Sind Sie neugierig geworden und wollen mehr zu einem bestimmten Thema erfahren? Möchten Sie sich über Neuerscheinungen informieren oder in der Leseförderung aktiv werden? Eine Auswahl von Links gibt weitere Informationen.

Für Eltern

○ **www.buchkind-blog.de** ◗ Ein Blog mit Bilderbuch- und Kinderbuchempfehlungen einer ehemaligen Kinderbuchhändlerin. Die Bücher werden mit einem kurzen Text vorgestellt, geordnet nach Alter sowie Thema.

○ **www.bvl-legasthenie.de** ◗ Im engen Kontakt zu Ministerien, Schulen und Bildungseinrichtungen setzt sich der Bundesverband Legasthenie & Dyskalkulie e. V. mit seinen Landesverbänden dafür ein, die Bedingungen für Legastheniker und Dyskalkuliker zu verbessern. Er ist unter anderem eine wichtige Informationsquelle für Betroffene sowie ihre Angehörigen – aber auch für pädagogisch Tätige.

○ **www.gute-kinderbücher.de** ◗ Ein Blog eines freien Journalisten, der den Buchmarkt für Kinder und Jugendliche sortiert und sichtet. Kurze Zweizeiler charakterisieren das Buch, wer mehr lesen will, klickt auf die Langversion. Sortiert nach Alter.

○ **kinderbuch-blog.org** ◗ Ein Blog mit Kinderbuchempfehlungen einer Mutter, geordnet nach Alter, mit aufschlussreichen Texten für wen sich das Buch warum eignet.

○ **www.lesen-in-deutschland.de** ◗ Die Onlineplattform Lesen in Deutschland sammelt Informationen zum Thema Leseförderung, bereitet diese zielgruppengerecht auf und bietet für Eltern, Großeltern, Lehrer, Erzieher, Bibliothekare und Experten sowie an ehrenamtlicher Arbeit Interessierte Anregungen und Unterstützung.

○ **www.lesestart.de** ◗ »Lesestart – Drei Meilensteine für das Lesen« ist ein Programm zur Sprach- und Leseförderung, das sich schon an die jüngsten, aber auch an Schulkinder bzw. deren Eltern richtet. Es wird vom Bundesministerium für Bildung und Forschung finanziert und von der Stiftung Lesen durchgeführt. Ab 2016 stehen Schulanfänger besonders im Fokus.

Für Leseförderer

○ **www.boedecker-kreis.de** ➲ Der Bundesverband der Friedrich-Bödecker-Kreise e. V. ist ein Verbund von Vereinen (die Friedrich-Bödecker-Kreise), die jeweils in ihren Bundesländern selbstständig aktiv sind. Sie organisieren und unterstützen Autorenbegegnungen an Schulen und in anderen Einrichtungen, bieten aber auch viele andere Aktionen an.

○ **www.jugendliteratur.org** ➲ Der Arbeitskreis für Jugendliteratur e. V. wurde bereits 1955 als Dachverband der Kinder- und Jugendliteratur in Deutschland gegründet. Zu seinen Aufgaben gehören die Organisation und Bekanntgabe des angesehenen Deutschen Jugendliteraturpreises. Darüber hinaus bietet er viele Informationen und Initiativen wie Tagungen zur Leseförderung, die Fachzeitschrift JuLit und andere Publikationen.

○ **www.StiftungLesen.de** ➲ Mit vielen Initiativen und Projekten sowie Informationsangeboten unterstützt die in Mainz ansässige und bundesweit tätige Stiftung Lesen alle, die sich für eine lebendige Lesekultur einsetzen. Die »ersten Lesejahre« stehen dabei besonders im Mittelpunkt.

○ **www.sikjm.ch** ➲ Das Schweizerische Institut für Kinder- und Jugendmedien (SIKJM) ist ein Ansprechpartner für Dokumentation, Forschung und Praxis rund um die Themen Kinder- und Jugendliteratur sowie Leseförderung. Es bietet unter anderem Fortbildungen und Publikationen an.

○ **www.buchklub.at** ➲ Der Österreichische Buchklub der Jugend ist eine Non-Profit-Organisation zur Leseförderung: Sie ist ein Netzwerk mit ehrenamtlichen Mitarbeitern in Schulen, Kindergärten sowie auf Bezirks- und Landesebene. Darüber hinaus gibt die Organisation Jugendmedien heraus und ist eine Servicestelle für Lesepädagogik.

Für Kinder

○ **www.amira-pisakids.de** ➲ Auf dieser Seite können sich Kinder und Eltern durch Erstlesebücher in sechs verschiedenen Sprachen blättern. Praktisch: Es wird dabei vorgelesen.

Bücher und Reihen, die in diesem Ratgeber vorgestellt werden

(Titelalphabetisch geordnet)

ABC und alles auf der Welt. Ute Andresen/Monika Popp, Beltz & Gelberg, 2013

Annas Safari-Tagebuch. 2. Lesestufe Sach-Geschichten für Erstleser. Dorling Kindersley, 2015

Besuch im Spukhaus. Vanessa Walder/Wilfried Gebhard, in *Lesepiraten – Gänsehautgeschichten*, Loewe, 2014

Chaos-Comics von Luis. Dagmar Geisler, dtv, 2011 ff.

Coolman. Ab in den Zoo. Büchersterne. Rüdiger Bertram/Heribert Schulmeyer, Oetinger, 2014

Der kleine Drache Kokosnuss. Ingo Siegner, cbj

Der kleine Hund, der unbedingt ein Mädchen haben wollte. Sari Peltoniemi/Liisa Kallio, Hanser, 2008

Die Piraten-Jenny. Volkmar Röhrig/Falko Honnen in *Die schönsten Bücherbär-Geschichten für Erstleser*, Arena, 2013

Drache Schulze und der oberfiese König Schmidt. Lesen lernen mit Comics. Martin Klein/Markus Grolik, Ravensburger, 2015

Drachenjagd für Anfänger. Leseprofi. Sabine Stehr, Duden, 2015

Ein Fall für Kwiatkowski – Monster, Mond und Mottenpulver. Jürgen Banscherus/Ralf Butschkow, Arena, 2015

Fritzi Mauseohr Mäuse-Abc. Sybille Hein, arsEdition, 2013

Herbst-Wimmelbuch. Rotraut Susanne Berner, Gerstenberg, 2011

Hexe Lilli zaubert Hausaufgaben. Der Bücherbär. Knister/Birgit Rieger, Arena, 2015

Hilda und der schwarze Hund. Luke Pearson/Matthias Wieland, Reprodukt, 2014

Klär mich auf. Katharina von Gathen/Anke Kuhl, Klett Kinderbuch, 2014

Kommissar Ping und das Kaugummi-Geheimnis. Lustige Detektivgeschichten. Der Bücherbär. Christian Seltmann/Maria Karipidou, Arena, 2014

Leons Abenteuer im Ferienlager. Erst ich ein Stück, dann du. Patricia Schröder/Katja Schmiedeskamp, cbj, 2011

Lesemuffel. Saskia Hula/Ute Krause, Sauerländer, 2007

Leserabe enhanced E-Book. Ravensburger

LeYo! Carlsen, seit 2014

Meine Mutter ist in Amerika und hat Buffalo Bill getroffen. Jean Regnaud/Émile Bravo, Carlsen, 2009/2014

Meine Sachen. Denitza Gruber, arsEdition, 2014

Mein Kindergartenwortschatz. Christina Braun/Angela Glökler, S. Fischer, 2014

Nitro und die Monstertrucks. Bildermaus. Katharina Wieker, Loewe, 2014

Nur noch kurz die Ohren kraulen? Jörg Mühle, Moritz Verlag, 2015

Pirat voraus, Käpten Klaus! Baff. Volker Präkelt/Derek Roczen, Arena, 2014

Ravensburger Grundschullexikon von A–Z. Ravensburger, 2014

Rocco Randale. Vampirjagd mit Tomatensuppe. Alan MacDonald/David Roberts, Klett Kinderbuch, 2013

TigerBooks. TigerBooks MEDIA GmbH (Apps für Kinder)

Ting. Diverse Verlage

tiptoi®. Ravensburger

Wandas erste Schulgeschichten. Dagmar Geisler, dtv junior, 2012

Was-ist-Was-Reihe, Tessloff

Autoren- und Illustratorenverzeichnis

Autoren

Illustratoren

Die Autoren dieses Ratgebers

Nicola Bardola, studierte Germanistik, begründete die Reihe »Wegweiser durch die internationale Kinderliteratur« (IJB/Stiftung Lesen) und veröffentlichte Biografien und Sachbücher u. a. »Lies doch mal!« (cbj), »Utopien« (S. Fischer), »Licht im Bunker: Die Debatte um Gewalt in der Jugendliteratur« (dtv).

Stefan Hauck studierte Kinder- und Jugendliteratur, Neuere Deutsche Literatur, Kunstpädagogik und Theaterwissenschaften in Frankfurt a. M., war in der außerschulischen Jugendbildung und an einer gymnasialen Oberstufe tätig und ist Fachredakteur beim »Börsenblatt für den Deutschen Buchhandel« sowie Juror bei »Die besten 7 – Bücher für junge Leser« (Deutschlandradio, Focus) und weiteren Jugendliteraturauszeichnungen.

Mladen Jandrlic studierte Germanistik, Hispanistik und Literaturwissenschaft in Zagreb und Münster. Er war Dozent an der Universität Zagreb und Lektor beim Schweizer Nord-Süd Verlag. Seit 2006 leitet er die Literaturagentur books&rights und ist Dozent an der Schule für Angewandte Linguistik SAL in Zürich. Unter dem Namen Karl Rühmann schreibt er Bücher und Hörspiele für Kinder.

Alexandra Rak studierte Germanistik mit dem Schwerpunkt Kinder- und Jugendliteratur, Kunstpädagogik und Kulturanthropologie in Frankfurt a. M. Nach zehn Jahren als Lektorin im Oetinger Verlag arbeitet sie heute als freie Lektorin, Herausgeberin, Übersetzerin und Referentin. Sie ist Jurorin beim Deutsch-Französischen Jugendliteraturpreis und Mutter zweier lesehungriger Jungs.

Christoph Schäfer studierte Germanistik, Theologie und Pädagogik und war viele Jahre Pressesprecher für Bildung, Politik und Forschung bei der Stiftung Lesen. Heute arbeitet er als Deutschlehrer an einem Gymnasium. Als Vater eines Grundschulkindes erlebt er auch privat das Abenteuer Lesenlernen mit.

Ralf Schweikart studierte Germanistik mit dem Schwerpunkt Kinder- und Jugendliteratur, Soziologie und Kulturanthropologie in Frankfurt a. M. Er arbeitet als Redakteur, schreibt über Trends auf dem Kinder- und Jugendbuchmarkt und ist Juror u. a. bei »Die besten 7 – Bücher für junge Leser« (Deutschlandradio, Focus) und dem Oldenburger Kinder- und Jugendbuchpreis. Er ist Vater zweier lesefreudiger Jungs.

Bildnachweis

*Mein Abc-
Lesestart*

DIE NEUE REIHE ZUM LESESTART

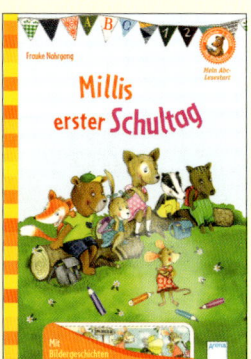

◆ Große Fibelschrift und kurze Zeilen
◆ Bildgeschichten erleichtern das Leseverständnis
◆ Mit Buchstaben- und Leserätseln

◆ **Erscheint am 01.01.2016**

Millis erster Schultag
978-3-401-70891-1

**Tilda Apfelkern – Beste
Freunde und ein Regenbogen-
Picknick**
978-3-401-70849-2

Jeder Band: Ab 5/6 Jahren • Mein Abc-Lesestart • Durchgehend farbig illustriert
48 Seiten • Gebunden • Format 17,5 x 24,6 cm

Mit Bücherbärfigur am
Lesebändchen und
Leserätseln

Zeilentrennung nach Sinneinheiten

Bildgeschichten erleichtern
das Leseverständnis

Große Fibelschrift

Heute ist
Millis erster Schultag.
Sie ist jetzt
eine echte Schulmaus.

Milli läuft los.
Den Weg
kennt sie
genau.

SCHULE

Viele farbige Bilder

Innenseite aus »Millis erster Schultag«
ISBN 978-3-401-70891-1

Die Reihe »Mein Abc-Lesestart« richtet sich an Leseanfänger nach dem Abschluss des
Buchstaben-lernens. Mit Hilfe von Bildgeschichten und kurzen Leseeinheiten ist das Erlesen
einer ersten durchgehenden Geschichte kinderleicht.

In Zusammenarbeit mit
westermann

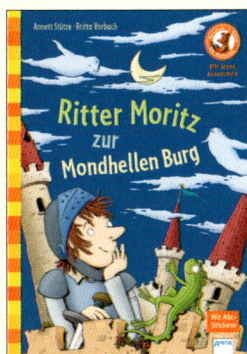

**Ritter Moritz zur
Mondhellen Burg**
978-3-401-70555-2

**Nils und Ole – Ein Jahr voller
Abenteuer**
978-3-401-70193-6

**Lina und Anne – Beste Freun-
dinnen halten zusammen**
978-3-401-70247-6

**Linus und die Rache der
Panther-Bande**
978-3-401-70561-3

Jeder Band: Ab 5/6 Jahren • *Wir lesen zusammen* • Durchgehend farbig illustriert
64 Seiten • Gebunden • Format 17,5 x 24,6 cm

it Bücherbärfigur am
esebändchen, Leserätseln
d großem Suchbild

Symbol zum Selbstlesen
auf den Kinderseiten

Große Fibelschrift
und kurze Zeilen

Viele farbige Bilder

Innenseite aus »Du bist mein bester Freund,
kleiner Delfin«
ISBN 978-3-401-70022-9

Im ersten Lesejahr macht zusammen Lesen und Vorlesen mehr Spaß.
Leserätsel erleichtern das Leseverständnis, das Suchbild regt dazu an, die Geschichte
nachzuerzählen. Denn Kinder, die viel sprechen, lernen leichter lesen.

In Zusammenarbeit mit
westermann

Allererstes Lesen

**Tilda Apfelkern und
ein ganz besonderer Gast**
Freundschaftsgeschichten
978-3-401-70556-9

Millas magischer Schultag
Lustige Schulgeschichten
978-3-401-70602-3

**Kommissar Ping und das
Kaugummi-Geheimnis**
Lustige Detektivgeschichten
978-3-401-70423-4

Erdbeerinchen Erdbeerfee
Lustige Zaubergeschichten
978-3-401-70685-6

Jeder Band: Ab 5/6 Jahren • **Allererstes Lesen** • Durchgehend farbig illustriert
48 Seiten • Gebunden • Format 17,5 x 24,6 cm

Mit Bücherbärfigur am
Lesebändchen und
Leserätseln

Einfache Geschichten
mit kurzen Zeilen

Große Fibelschrift und Zeilentrennung nach Sinneinheiten

Mit Bilder-
und Leserätseln

Viele farbige
Bilder

Innenseite aus »Zack und seine Freunde«
ISBN 978-3-401-70073-1

Die Reihe »Allererstes Lesen« ist auf die Fähigkeiten von Leseanfängern abgestimmt:
Übersichtliche Leseeinheiten und kurze Zeilen sind ideal zum Lesenlernen.
Die ausdrucksstarken Bilder unterstützen zudem das Textverständnis.

In Zusammenarbeit mit
westermann